물고기 곁눈 속에 든

이 도서의 국립중앙도서관 출판예정도서목록(CIP)은 서지정보유통지원시스템 홈페이지(http://seoji.nl.go.kr)와 국가자료종합목록 구축시스템(http://kolis-net.nl.go.kr)에서 이용하실 수 있습니다. (CIP제어번호 : CIP2020017075)

| 들꽃동인선 53 |

창작이십일작가회 이천이십년 작품집 4호

물고기 곁눈 속에 든

2020년 4월 25일 초판인쇄
2020년 4월 30일 초판펴냄

지은이/강성은 외

편집위원/김은옥 강준모 윤선길

펴낸이/문창길

펴낸곳/도서출판 들꽃
주 소/04623 서울 중구 서애로 27(필동3가 28-1) 서울캐피탈빌딩 B202호
전 화/02)2267-6833, 2273-1506
팩 스/02)2268-7067
출판등록/제5-313호(1992. 5. 15)
E-mail:dlkot108@hanmail.net

값 13,000원

* 파본된 책은 바꾸어 드립니다.

ISBN 978-89-6143-212-2 03810

들꽃동인선 53

물고기 곁눈 속에 든

| 창작21작가회 2020년 작품집 제4호 |

들꽃

민족공동체의 자주적 노력 앞서야

한국 전쟁 발발 이후 대한민국의 정치, 경제, 사회, 문화 등 거의 모든 분야에서 암세포처럼 남아있는 외세에 대한 종속, 특히 미국에 대한 종속구조가 분단해소의 장애가 되고, 남북통일이 불투명해지고 있는 것은 매우 안타깝다. 특히, 군사 종속의 틀을 벗어나지 못하고, 여전히 미 군사기지로 전락해 긴장을 해소하지 못하고 있는 한반도의 상황은 평화의 의미를 더욱 절실히 깨우쳐 주고 있다. 따라서 대미 종속구조를 탈피하기 위해서 먼저 민족공동체의 근본적이고 자주적 노력이 앞서야 한다고 생각한다.

문학공동체 창작21작가회는 지난 과거 남북 분단체재 극복은 물론 평화, 인권, 환경 등을 주제로 창작활동을 꾸준히 펼쳐왔다. 이는 문학이 우리 현대사회에서 그 책임과 역할이 작지 않다는 의미다. 이와같이 대미 종속문화가 이미 문학에서도 잘못 습합되어 우리의 민족문학을 회복하는데 커다란 문제점으로 지적되어 왔다.

통권 4호를 출간하는 이번 작품집을 계기로 좀더 분발해서 진정한 민족문학, 또는 통일문학을 발전시키는데 주요한 역할을 하리라 기대가 크다. 여러분들의 많은 관심과 성원을 바란다. ■

2020. 4. 30.

대표일꾼 문창길

| 시조 |

[시]

물고기 곁눈 속에 든 외 2편

강 성 은

이 지상에 방생된 지 벌써
수십 년이 흘러간다

수족관의 물고기들은 밤새도록 뜬눈으로
나의 사생활을 염탐한다 물고기들은
저희들 눈 속에 아예 나를
감금해버린 것이다 나는 물고기들이

스스로 기르는 지느러미 밑에 숨긴
기억의 미세포 혹은 긴 섬모로
찰칵찰칵 몰카를 찍어대는
그 수작을 최근에야 눈치챘다 집요하게
오물거리며 시간을 토해내는
그들의 아가미가
요즘 들어 자꾸 무한분열하기 때문이다

물고기의 눈알들이
내 몸의 과녁에 화살로 꽂혔는지
둥둥 수면 위로 떠오르는 건
물고기의 부레를 이식 받은

내 몸이다, 이제

날개를 달지 않아도
이승의 저 너머 어디까지든
날아갈 수 있을 것 같다

사라진 귀

잎그늘이 너무 짙다 했더니, 어느 새
귀를 잃어버렸다 깜깜하게
서 있는 동안 가을이 스쳐갔다

감금된 시간은 소리를 쟁여두지 못했다
바람을 밀치면
문의 안쪽은 변방이 되었고

여린 손짓으로 다시금 바람을 불러 모았지만
나무는 가지를 부여잡고 가늘게
떨고 있는
귀를 하나씩 떼어내버렸다

초록에서 주황까지
색에 색을 덧칠하던 손들은 다 어디로 갔을까

11월의 새들이 날아와 남은 색을 쪼는 동안
햇살이 등 뒤에서 무더기로 무너져 내렸다
소리 없이도 스스로 가위눌린 색들이라니_

없는 귓바퀴에서 바람이 구르는 소리가
환청처럼, 웅웅거렸다
거기 텅빈 잎자국이 묻어났다

비의悲意

이렇게 우수수 지고 마는 날엔
창 넓은 꽃잎 그늘을 받쳐들고 걷습니다

길에서 만나는 홀씨 하나는
어릴 적 여름이 놓친 봄입니다

잘 있으라, 잘 가시라
부유하는 말들에 울컥, 목이 메입니다

지난 날의 얼룩이 투명그림자를 지웁니다
어찌 할까요?
비碑의 뒷면에 새기는 비雨의 음소를요
나는,

바람에 꺾이는 빗소리를
낙화하는 꽃잎의 족적 위에다 받습니다

그리움과 고독은 근친이어서
환절기의 잔기침처럼 따라 옵니다

서풍의 진술은 오늘따라 비음鼻音입니다
잔뿌리를 뻗어가는 꽃의 오랜 내력은 진초록인데
향기는 어디다 두고_

귀를 열어
무더기로 엎지르는 꽃들의 오후 세 시 방향에서
그니의 풍문을 듣습니다

백화점 외 2편

강 준 모

각종 브랜드는 계절마다 신상품을 만들고 나는 요즘들어 희미해진 나 때문에 그림자를 구매하기로 한다. 이를 위해서는 개연성보다는 상상과 허구가 필요하다. 나는 스타벅스 앞에서 대기표를 받고 지구가 자전하는 것을 잠시 잊는다. 브랜드는 가격에 민감하므로 멀쩡한 정신은 쇼핑백에 담고 영수증은 마음을 약하게 하니 쓰레기통에 버린다. 옷거리에 걸려있는 그림자는 아직 직립 중에 있고 사람들은 매달린 가격표에 나방처럼 몰려든다. 천국으로 향할 것 같은 계단은 에스컬레이터를 설치하고 그림자를 담은 쇼핑백은 천사처럼 날개를 달고 오르내린다. 아직 구매하지 못한 외로움을 위해 구두를 신어 본다. 마네킹은 메세지가 잘 드러나지 않도록 몸의 일부를 생략하거나 허공으로 대체한다. 이런 불경기에는 브랜드도 할인이 되고 눈,코,입이 없는 슬픔이 상징적으로 전시되어 있다. 기다란 거울에 품이 좁은 우울을 비춰본다. 현금이 보이지 않는 곳, 나는 가격이 매겨진 고독을 본다. 각종 색상의 발랄함과 자본의 난해함이 동시에 구비되어 있는 곳, 너무 새로워서 나를 잊게 하는 그림자를 표정없는 카드로 주문을 한다. 와이파이는 원호를 그리며 무선의 그리움을 무진장 제공한다. 새로 산 모자와 신발에 어떤 영혼이 있을까. 자본은 지구의 자전을 멋진 시계로 만들었다. 맨 위층 식당가에는 외상으로 그림자 쇼핑을 마친 사람들이 앉아 있다.

계란의 착오

슬픔에도 껍질이 생기니 스스로 문을 닫는다
눈물에도 장력이 있어 눈자위에 머뭇거린다

빛이 세들어 사는 두서 평 쪽방에 누워
새가 되는 꿈을 월세로 까먹는다
복도의 침묵을 부수는 얼굴 없는 발자국들
혐오가 쪽방의 내면을 독하게 하리라
자위하며 간신히 잠든다
새우잠을 적립하면 나비잠이 될 것을 꿈꾼다
삶이란 낯선 말의 온도를 품으며
껍질 밖의 골목을 떠올린다

손과 발이란 욕망이 생기면서 방은 비좁아졌고
불면증으로 뒤척이면 그리움은 비대해진다
손발 뻗으면 닫는 칸막이의 자본주의는
비린내가 물씬했다
더 견디기 위해 생각을 줄이기로 했다
가로등을 호위하는 그림자가 간혹
창틈으로 지날 때면

어둠에 익숙한 겨드랑이가 근질거린다
피다 만 담배 꽁초가 어설픈 위로가 된다

쪽방에 해가 지고 있다
해의 뒤편에는 골목에 골똘한 심장이
돌고 돌아서 지친 피를 또 돌릴 참이다
어둠이 더 어두워지기 위해서는
아직 껍질을 깰 때는 아니다
창틈으로 붉은빛이
독가스처럼 스며들고 있다

비열한 달빛

달의 종복인 나는 산책을 한다. 반달은 마른 가지에 어제의 속옷을 걸어 놓고 오른쪽 가슴은 격렬했던 왼편의 어둠을 복기하고 있다. 옆면에는 담배 자국이 희미하게 남아 공원 산등성이에 삐딱하게 앉아 있다. 나는 많은 별 중 어느 하나를 달의 배후로 의심하며 안색이 언제나 그대로인 십이지석상 길을 돈다. 어둠 속에서 사람이 되고자 묵비권을 행사하며 앉아 본 적이 없는 돌. 나뭇가지들은 달빛에 동조하고 내심 겨울을 충전하느라 대체로 창백하다. 화장실 옆에는 나이트 클럽 광고차 다마스가 잠시 엔진을 끄고 쓰다 남은 시간을 버리고 있다. 어둠을 감시해야 할 관리실은 불이 꺼져 있고 창문은 곁눈으로 달을 훔쳐보고 있다. 농업박물관 구석엔 검은 세단의 썬팅 창은 이미 달과 밀애 중이다. 그 와중에도 벚나무 봉우리는 봄의 와이파이로 달빛을 수혈하고 늘 큰키로 굽신거리는 소나무와 그 옆에서 하릴없이 빛의 수신료를 내는 가로등은 그러니까 달의 하수인이 된다.

소리의 해안 외 2편

김 성 호

남해바다 쪽빛 물결 바라보며
해변따라 두어 시간 내쳐 걸었지
돌수제비 빙그르르 핑글 수평 맞춰 던지면서.

종이비행기 날리고
종이배 접어 띄우면서
파도자락 오가는 모래펄을 한동안 걸었지.

물안개 걷혀 양떼구름 꽃구름 솟구치면
고깃배 느릿느릿 파도를 헤쳐나가
부마산행 여객선 고동소리가 해안을 맴돌았지.

뚜우 뚜우 어서 오라고
어홍어홍 어서 따라가자고
선객들과 갈매기를 부르고 있었네.

오전 11시, 오후 2시 30분 여객선 깃발 위로
갈매기 떼 우르르 함께 날면
멀리 아양 교회당 종소리도 들렸네.

어서 가고 어서 오라고
종종걸음 발그림자도 아른거렸다.
모람모람 저녁밥 짓는 초가 마을이 손짓하네.

저녁연기가 동동 떠오르면 까치는 둥지 찾고
건넛마을 어미 소와 어미 개며 수탉 소리에
송아지와 망아지도 제집으로 달리고 있었네.

구제救濟와 기치旗幟

빈궁과 격랑을 헤쳐나갈지언정
비수의 깃발을 쳐들지 말고
여린 목숨 윽박지르지 말고
패잔병이고 위선자였던
비겁과 우유부단을 뉘우치면서
사막을 횡단하고 험산빙벽을 넘어
부두를 박차고 대양으로 나아가라.

지난 잘못 반석 위에 올려놓고
한때 공복이었고 시녀였던
대변인이고 하수인이었던
오만과 편견을
쾅쾅 내려쳐 당금질하면서
고개 숙이고 무릎을 꿇어라.

그때 범이고 늑대였던
이빨과 늑골을 뽑아
눈물짓는 온유한 아이가 되어
초롱초롱 웃음을 머금을지언정

벼락치는 밤이 되어도
추악을 씻어 연두 웃음 흩날리면서
입안 가득 고뇌를 머금어라.

꽃송이 꺾일지라도
새순 잘라내며 잔뿌리 뽑지 마라
병약자와 유소년 노인을 억압 않고
함부로 증오의 깃발을 쳐들어
서럽고 억울한 사람 억압하지 말고
저주와 울화로 지축을 흔들지 마라.

냉정과 온정

싫어요 싫어요 하기보다
좋아요 좋아요 끄덕이며
감미와 팝 뮤직에
정신 잃어 눈멀고 귀먹는다.

바라보아 계량하는 편보다
안개 내린 날 신기루 피어오르면
골목을 벗어나 시가지를 둘러보며
모든 게 곱고 아름답다 칭송하네.

오늘은 등산과 원정에서 돌아와
시가지 백화점과 회당에 나아가
상품과 광고와 선전에 현혹되어
시간에 쫓기고 미망에 맘 쏠려
아픈 무릎 발가락 호호 불며 절뚝인다.

세일즈맨 언술에 귀 감겨
응겁결 명품에 마음 끌려
지난한 날들 까마득히 몰각하고

감언이설에 깜냥을 잃었네.

그의 말에 사려분별을 잃고
할부판매에 현혹되어
가족의 안녕을 잠시 잊고
넘치는 욕망에 사로잡혔네.

아닙니다. 무립니다. 그러지 마세요.
그래요, 그래요, 하면서
씁쓸한 웃음 몇 모금 머금었다
제 분수를 지킬게요 하면서
냉연히 돌아서지 못했네.

냉장고 외 2편

김 애 리 샤

사실 그녀는 따뜻해요
무엇이든 오래 지켜내기 위한 수를 쓰죠
밤낮없이 온 힘을 다해 엔진을 돌려요
심장이 터질 것 같지만 운명이라 받아들이죠
심지어 당신이 잠든 사이에도 불면증 환자처럼
웅웅웅 주문을 외워요
그녀는 당신을 위로하고 싶어해요 보세요
그녀를 열 때마다 아직까지 당신을 지탱하게 해 준
어머니 미소 같은 은은한 빛을 보이잖아요

지난 여름 이별하고 온 당신이
마시다 남긴 소주 반 병
네 번째 내민 이력서마저도 쓰레기가 된 날
쓰레기 같은 인생 자축하며 폭식하던
편의점표 오뎅 국물과 막걸리
한 때 코까지 처박고 파먹던 9급 공무원시험 기출문제집
기약 없이 시들어간 당신의 희망 찾던 날들을
싱싱하게 지켜주고 싶어해요 일종의 보호본능이죠

러시아에서 온 절단 동태 위로 아련한 향수병 같은 성애가 쌓였어요

다시는 돌아가지 못할 차가운 바다 속 어딘가를
꿈꾸듯 앓고 있는 것 같아요 희미하게
생태지와의 거리가 멀수록 추억들은 두껍게 쌓이죠

검은 비닐봉투 속에 갇혀버린 당신의 꿈은
몇 도씨 쯤에서 폭설을 견디며 냉각되어지고 있는 걸까요

사과 같은 사과

사과는 진지하게 깎으려 할수록 추해진다
누런 속살이 부끄럽게 잘려 나간다
살 속을 다 파고들어 두 개의 검은 씨앗을 꺼내든다
너는 복잡하고 예민한 숲 같은 생각회로를 가지고 있다
무성한 숲길을 다 헤아릴 수 없다
그곳에 묻어두면 하얀 사과 꽃을 피워낼 수 있을까
백한 번째 뿌리를 들춰내고라도 씨앗을 발아 시키고 싶다
숲길을 걸을 땐 함부로 바람의 노래를 따라 부르면 안 된다
미안해할수록 이파리들은 더 거세게 흔들리고
회로 어디쯤에선 불꽃이 튀어오를 수도 있으므로
재빨리 걸어야한다 느릴수록 안주하고 싶어진다
사과는 시간의 흐름과 비례관계
스치는 바람 사이에 물려진 거미줄처럼
아슬아슬하게 떨리고 있다

너의 회로 속에 묻어두고 싶은 씨앗
발아시키고 싶은 말이 있다

너는

-노모의 시체와 세 달을 지낸 중학생 이야기

너는 서 있다
다리미판 위에는 적색 담요가 깔려있다
너는 견고하다
오른손엔 스팀다리미를, 왼손엔 얼굴 하나를 들고있다
부동자세로 서 있다
철로 만든 거대한 구두 밑창 같은 다리미로
마침내 너는 다림질을 시작한다
철판의 온도가 최고점에 도달했을 때
스팀버튼을 누른다
쉭 쉭쉭
스팀들이 쉭쉭거리며 네가 들고 있는
얼굴로 달려든다
드디어 얼굴이 녹아서 흘러내린다
어둑한 귀퉁이에 솜이불로 덮어놓은 노모의 몸에서
꼬물꼬물 빠져나오던 구더기들을 무심하게 보던 눈과
열네 살이니까 흉기로 노모를 죽여도 된다고 말했던 입과
썩어가던 노모의 냄새를 일부러 거부하던 코와
그 모든 것들을 아무렇지 않게 지나치던 통명한 볼 살이
흘러내린다

얼굴이 으깨진다 뭉개진다
살이 타는 모양은 다 뱉어내지 못하는 말들을 닮았다
다림질이 끝났지만
너는 아직 거기에 있다
흘러내린 너의 얼굴을 수습하고 있다
적색 담요위에 녹아내린 살점들을 긁어모은다
너는 목을 구부린다
너는 붙인다
너의 목에 뭉개진 얼굴을 붙인다

이제야 너는 너다

건봉사乾鳳寺 진신 치아 사리 외 2편

김 영 수

한낮 겨운 오후, 겨울 햇살이
적멸보궁 앞뜰을 목욕시킬 때
다섯 개의 이빨 사리를 향해 큰 절 세 번을 했다
아프지 말고, 돈 많이 벌게 해 달라고

연회색 뼈 결정

해체된 부처의 무기無機들이 환한 불빛 아래
무연히 놓여 있을 뿐

절 주차장 전신주 위에 까마귀는
없는 부처를 오늘도 목쉬게

각覺!
각覺!
각覺!

찾고 있는데

그래도 자판기 커피는 목울대를 타고 소리 없이 내려 간다

달디단 화엄華嚴의 세계로.

눌리어 찌그러진 시詩

입천장에서 공허히 떠돌던 시詩 파편들이
매생이 떡국으로 채워지는 위장 밑으로
눌리어 찌그러져 내려가 공중화장실에서
모음母音은 대변으로 자음子音은 소변으로
흔적 없이 배설되었다

집으로 돌아오는 고속버스 차창 밖
찌그러진 달이
달거리 빈혈기로 휘청휘청 말라가고 있는데
텅 빈 뱃속은 다시 위산과다로 쓰리기 시작했다.

낡은 양말

가끔은 전복된 안과 밖
뒤바뀐 왼쪽과 오른쪽으로
서로를 어색하게 바라보는
하루의 낯선 피로가 되는 동반자

가장 낮고 음습한 곳에서 온몸으로 떠받치며
눅눅한 삶을 걸어 건너는 한 쌍의 고행자

오랜 질식 끝
상채기로 뚫린 숨구멍의 봉합은
늙은 아낙의 손끝에서 멈춘 지 오래

다음 생生
순례길 떠나는 먼 여정은 버선목에 부탁한 채
끝내 무의미한 잉여로 버려지는 한 켤레의 아픔

가슴 뚫린 낡은 양말.

그믐달 외 2편

김 원 희

밤마다
내 방 엿보던 달님

무슨 일이지
혹시 몸살이라도 …

오늘은 내가
밤하늘을 엿본다

사랑의 성

캐나다동부 세인트로렌스강의 볼트성
인도 화려함의 극치인 타지마할
얼마나 지극한 사랑이면 만인의 발길이 끊이지 않는
아름다운 성을 지을 수 있는 걸까

세세생생 함께 살고픈 사랑 염원하며 지어진 성
신들의 질투였을까
단 하루도 살지 못했네

오늘은 내가 그댈 위해
세상에서 가장 맛있는 집을 지어 줄테야
성을 짓느라 몇 십 년을 기다리지 않아도 되거든
그대가 기분 좋게 목욕하고 나올만한 시간
책을 읽다가 깜박 잠이 들어 오수를 즐길 만큼의 시간

그러면 나는 후딱 집 한 채를 완성하고
달콤한 지붕을, 고소한 현관을, 부드러운 창문을
그대 입에 넣어주고 둘만의 밀어를 나누다 보면
세상에서 나는 가장 행복한 여인이 되겠네

과자로 만든 집 한 채면 큰 성도 부럽지 않네

진주 남강은 알고 있을까

진주성 돌 틈에 핀 작은 흰꽃
조선여인의 소복같구나
남강은 구름을 싣고 유유히 흘러가지만
그 속엔 가슴시린 역사가 고스란히 묻혀있네

임진왜란 격전의 무대였던 진주성
가만히 성에 기대어 귀 귀울여 보면
평온한 바람결에 김시민장군의 외침
들리는 듯 하여라

풍전등화의 조선을 목숨 바쳐 지켜낸
충무공 김시민장군과 백성들
남강은 그날의 처절함을 결코 잊지 않으려
지금도 푸른 멍을 그대로 간직하고 있네

단단한 궁정 속으로 외 2편

김 은 옥

쓰러져 있는 비둘기 목덜미에
비둘기 한마리가 주둥이를 깊이 묻고 있다
꾸르륵 살아있다는 신호 아득하다
칼바람이 부드러운 털을 자꾸 일으켜 세운다
광장의 햇살이 모두 모여 그 모습을 비추고 있다
마지막 광점이다
청소원이 쓰레받기로 주검을 옮기는 동안에도
움직임 없이 서있다
죽은 자리 몇 바퀴 돌다가
바닥에 얼어붙은 빵조각을 쪼아보기도 한다
딱딱한 빵조각은 꿈쩍도 않는다
고개를 갸우뚱대며 먼 산을 바라보며
주변을 두리번거리기도 하고
그러다 문득 생각났다는 듯이
눈 쌓인 겨울 속으로 돌멩이처럼 날아간다

야맹증

셔터를 내린다
필름은 계속 돌아가고
셔터 안에서
이리저리 부딪친 어둠이 상처투성이다
수십 년을 지나면서 갈라지고 긁히고 변색된 화면

흐릿하던 영상이 반복해서 클로즈업된다
가로등 불빛이 고목에 가려져 어두컴컴하다
방향을 잡지 못해 나뭇등걸에 걸리고 넘어지고
어두운 길을 더듬거리며 간다
모든 풍경은 너무 아득하고 멀고 희미하다

도깨비불 모양으로
빠르게 빠져나가는 저 눈동자의 시간
어둠의 상처는 굳은살이 된다
한번 가본 듯한 어두운 필름 속에서
비 내리듯 갈라지는 화면 속에
얼핏 내 모습이 보인다

심장이 어두워지는 나이
산란된 빛을 잡지 못하는 시신경
선뜻 손댈 수 없는 낡은 필름
흑백이 디지털 컬러로 바뀌는 동안
오래된 부품을 갈아 끼우지 못했다
갈아 끼울 부품은 어디에 있을까
필름의 어둠 속으로 다시 들어가 본다

촉 좋은 마당

새벽이 신발 속에 발을 쑥 집어넣자마자
강아지도 신발 신고 따라 나온다
전선이나 나뭇가지가 품은 달의 공전이
자전의 그림자들이 그 목젖을 드러내는 중이다

꼬리 아홉 달린 붉은 죄목으로
꽃봉오리 속에 유배당했던 향기가 풀려난다
향기의 기포들이 기쁨의 등을 켜고
투명한 날개로 펴져 날아간다
선잠 깬 잎사귀들이 기지개를 켤 때
풀숲 사이로 멀어지는 새벽의 신발이 살짝 보인다
귀 바짝 세운 풀 비린내들 곁에서
풀 강아지도 솜털 일으키며 짖기 시작한다

오늘도 깨끗한 촉으로 닦은 은수저에 이슬 받아서
아침이 배를 채울 것이다
여우야 여우야 뭐하니
아홉 개의 꼬리가 꼬리를 물고 공중제비를 도는 마당

하늘 아래서 부는 바람은 하나다. 외 2편

김 형 효

부는 바람이 어디로 가던
나보다 앞서가던 바람이나
나를 따라 뒷 바람으로 불어 오거나
하루 사는데 한 끼 밥도 충분하다.

누구나 사람이면 한 숟가락 밥이면 살고
사람이면 누구나 한 숟가락 밥이 귀하구나.
한 입, 두 입 그렇게 한 번, 두 번 챙기고서
돌아서 감추는 눈물 속에 나의 빈 밥그릇에
붉게 핀 아름다운 꽃이 가득하다.

봄날 밭에 푸른 아지랑이 사이에 보리처럼
생명을 부르는 아침 같은 아이들을 만나는 날
일 년 전에 깊은 설움은 어느새 다 이겨낸 듯
새벽이슬처럼 빛나는 웃음들 골목골목 넘처난다.

지진의 처절 속에서도 사람은 사람을 구했고
지진의 상처 후에도 사람은 사람을 구했구나.
그 깊은 절망과 그 슬픈 텐트촌에 밤에도
땅 위에 뜬 달과 땅 위에 뜬 별들이 사랑했고

새로운 사람들이 벅차게 울며 깨어났구나.

그렇게 부는 바람 한 하늘 아래에서
한 숟가락 밥을 나누었고
한 입, 두 입 외면없이 살아낸 일년 동안
280년 네팔왕조의 역사보다 깊은
사람 사랑의 큰 길을 보았네.

이제 나라꽃 랄리구란스가 피는 춘삼월 네팔에서
너도 나도 새봄 같은 새 꿈을 웃고 사네.
그렇게 바람은 불어오네.
봄날에 바람 부는 카트만두에 이제 눈물은 없네.
붉은 심장이 꽃처럼 웃고
이제 따뜻한 사랑이 자라고 있네.

못하지

지금 아니면 못하지.
오늘 아니면 못하지.
사랑도 결심도 모두 다 그렇지.
늙으신 어머니를 따라가듯
지나가는 세월을 따라가기만 하다 보면
이 세상에서 꾸는 모든 꿈들도 그렇게 사라져버리지.
지금 아니면 못하지.
오늘 아니면 못하지.
사랑도 결심도 다 그렇지.
자주를 찾아오지 못해서 떠나 가버린 세월을 바라다보면
이 못난 세월이 꿈처럼 지나온 세월이라는 것을 알게 되지.
지금 아니면 못하지.
오늘 아니면 못하지.
사랑도 결심도 모두 다 그렇지.
다 망가진 것만 같던 팔도강산 흐트러진 조국을 보면
우리가 못나 꿈꾸지 못했던 자주 해방의 불꽃을 보게 되지.
지금 아니면 못하지.
오늘 아니면 못하지.
사랑도 결심도 모두 다 그렇지.

그러니 지금 하자.
그러니 오늘 하자.
사랑도 결심도 모두 다 지금 하자.
사랑도 결심도 모두 다 오늘 하자.
자주해방의 꽃을 들고 삼일 만세 100년의 역사를 다시 돌아보며
남누리 북누리 온누리 우리누리
그렇게 훨훨 춤추듯 만세 부르며 통일의 날 안아오자.
그렇게 늙으신 어머니를 부둥켜 안아오자.
생기가 넘치는 어머니 그런 어머니를 함께 보자.

산과 바다

보인다.
드넓은 바다와 바다를 사이로 구르는 산
내 고향 대월산에 오르면 신안 앞바다
내 고향 대월산에 오르면 영광 칠산바다
내 고향 대월산에 오르면 목포 앞바다
내 고향 대월산에 오르면 함평 천지 바다가 다 보여
그래서 대월산을 큰 산이라 했던가?
내가 책가방 메고 바다 기슭을 걸을 때
꽃 피고 지는 산을 구르며 바다가 세차게 매질하던 그때
나는 그때 땅을 보기 바빠
바다와 산이 하늘처럼 드넓다는 사실을 못 보았어.
이제 고향 가면 갈 때마다 마음이 아파
왜 좀 더 어린 그 시절
그 하늘처럼 드넓은 바다로 구르던 산을 못 보았어.
하지만 어쩌면 그때 나는 알았는지 몰라
내 발이 딛고 선 그곳에서
네 놈이 낳고 자란 거라는 진리
그래서 네 놈에 눈은
눈먼 장님처럼 네 놈 발밑에 뿌리에 연연했던 것일 거야.

오늘도 설은 지나고
나의 세배는 또 한 해 미루어졌어.
그래 네 이놈
오늘의 세배를 미룬 죄로
훗날
네 놈 조상에게 얼마나 많은 절을 빚으로 남긴 거냐?

조선처녀 옥주년 · 1 외 2편

- 오무타 탈출

문 창 길

내 이름은 옥주년이지예 성은 문이요 이름은 옥주
나의 아버지는 고향 대구에서 가난이 팔할이 넘는 삶을 사는
그 잘난 지식운동가였지예 그래서 어머니는 늘 분주하고
닥치는 대로 일을 하는 동네 상일꾼이었지예
침모질이나 품팔이를 나간 어머니가 삼베수건을 털고
사립을 들어오면 엮인 생선줄기처럼 출출거리던
남매들 중 유난히 똑똑했던 옥주년
어깨너머 서당공부도 했고 야학에서 한글도 일본말도 깨우쳐
영리한편 자랑이었지예 그렇게 조무랭이 동무들과
고샅길을 쏘다니며 마냥 신이 난 시절도 있었지예

그러다 열세살적 일본 살던 친척 찾아와
옥주년 데려다 잔심부름이나 시키며 학교 보내고
조선처녀로 키워 좋은데 시집 보내준다는 말에
우리 엄마 반승낙 반설움으로 봇짐 하나 싸 주었지예
그래 이 옥주년 일본 가면 학교 잘 가고 돈 번다는
동네 소문에 귀가 솔깃 따라나선 그 길로
부산항에서 큐슈 오무타 가는 배를 탔지예
처음 가는 바닷길 가슴을 움켜쥐고 토악질을 하면서도
청운의 푸른 꿈에 부풀었던 조선 가시내

고물상 하는 친척 안주인 손에 댕기머리 잘리고
단발머리로 학교는 고사하고 설거지 빨래나 하는
부엌데기로 살아라 했지예
조선국 식민으로 살아라 하였지예
그러나 옥주년 이게 아니라 생각했지예
그래서 고물치들에게
잔심부름 값으로 한 냥 두 냥 아니 한 푼 두 푼
골마리에 속주머니를 챙겨 두기 시작했지예
그렇게 움켜둔 돈으로 조선 가는 배를 탔지예

조선처녀 옥주던 · 2

- 도안성에서

내 이름은 옥주년이지예 성은 문이요 이름은 옥주
그 옥주년 일본서 돌아와 왜놈이 운영하는
질기디 질긴 슬리퍼공장에서 일을 하고 월급 타서
엄마에게 내밀면 아무 말없는 참 푸정도 없는 우리엄마
그래도 난 뿌듯했지예 그렇게 열여섯 가슴 봉긋한
무명저고리 검정치마 조선처녀로 살았지예
그러다 1940년 어느 날 하루코네 집에서 놀다 집으로 가는 길
빨간 군장 찬 일본군인에게 붙잡혀 헌병대에 하룻밤
칼잠을 자고 그 아침에 아카쯔키라는 기차를 타고
북으로 북으로 가서 봉천을 지나 결국엔 중국말 쓰는
남정네를 따라 도안성에 또래 가시내와 같이 내렸지예
안내원을 따라 도락쿠를 타고 한참을 달려 외딴 마을 도착하니
이미 조선처녀들이 몰려있는 일본군 위안소였지예
살아갈 절망도 또는 내 고향은 경상도라 자랑할 희망도
잃어버린 몇몇의 조선처녀들
"너희들 돈 받고 왔느냐" 느니
"여기는 군인들 받는 위안소" 라느니 하면서
눈물 마른 표정으로 속슬픔을 삼키고 또 삼키며
발그림자를 돌리는 슬픈 처녀들

그 뒤로 참으로 무지렁한 순박쟁이 옥주년
일본군하고 자면 자는 것이지 무슨 운명의 장난이 크게 닥칠끼가
이해 못할 속셈으로 쪽방 하나 차지하고 몸을 풀자
하마 몇 시간도 안되어 시키먼 일본군 큰칼 차고 들어와
바지가랭이 푸는둥 마는 둥
열여섯 꽃처녀 이파리 이파리 첫순정 무너지는데
눈 앞이 캄캄하고 기가 막혀 까무라쳤지예

아 이 곳이 옥주년 첫 순결 무참히도 찢겨나간 운명의바람촌이었줄 누가 알았으리오
이 옥주년 백의민족 하얀 무명저고리 검정치마 붉은 피 홍건히 적실 줄 어떻게 알았으리오
일찍이 하늘에 계신 우리 아버지
아직도 고향 산말랭이 그 밑에서 침모질 끊임없을 우리 어머니
이 딸년 조선가시내로 마냥 무너미 무너미로 무너지는
그 서투른 이름 후미하라를 쓰다 쓰다 버리고
나미코라 왜식 이름 또 지어
서투르고 서툰 삶을 살았을줄 누가 알았으리요
그렇게 부끄러운 조선 딸년은
오늘도 울다 울다 지쳐 아리랑 아리랑 부르다 지쳐
도안성 돌담벽에 눈물로 쓴 그 이름
문옥주를 지우지 못했지요

조선처녀 옥주년 · 3

- 도안성을 떠나던 날

옥주년 동안성을 떠나 따뜻한 남쪽나라로 가는 배에 몸을 실었다
생각조차 싫은 일본군위안소를 도망 나와 기업소에서
돈 벌게 해주겠다는 일본군 앞잡이 말만 믿고 떠난다
지긋지긋한 위안소 생활 벗어나 이 년도 돈도 벌고
꽃같은 남정네 하나 엮어 결혼도 하고 싶은 꿈이 굴뚝 같았다
토끼 같은 새끼 여럿 낳아 탱탱한 젖가슴 한번 물려보고 싶다
서녘 해 뉘엿 넘어가는 뱃머리에 기대선 옥주년
아리디 아린 상처 하나 둘 뭉클한 갯바람에
훠이 훠이 훠어이 날려 보낸다

선창에 들자마자 이상한 한줄기의 쌩한 바람에 놀란다
역시나 다를 몇몇 일본군들 긴 칼 허리춤 차고
얼음장 같은 목소리로 조선가시내들 닥달치며
선창가 다다미방에 밀어 넣는다

옥주년 불안한 심사가 영 밥술 넘기기가 힘들어
찬물 한 그릇 들이키며 보초병에게 궁금조로 말문을 연다
우리 가는 회사가 여기서 멉니까?
아 그 말문이 닫기도 전 칼잡이 일본 병사 버럭 내지르는 한마디

너희 조센징 여자들은 대일본제국 군인들을 위해
몸을 바쳐야 한다 아니 정신도 바쳐야 한다
무슨 얘기인줄 몰랐다 처음에는 그저 열심히 일 하라는
그 소리인 줄 알고 고개만 주억거리다
나이살 좀 든 언니 하나 일어나
몸 바치는 일이 뭐잉교? 따져 묻는다
그러다 건너방으로 끌려간 그 언니
지금도 치떨리는 그 이름 마츠모도의 욕정놀음에
산발머리 만신창이 몸 되어
웅송거리고 있는 조선 가시내들 무리 속으로 내던져진다
옥주년 소름 돋는다 무엇이 잘못된 것일까
옥주년 이것은 아니다 싶어 또래 가시내들과
귀엣말을 나누다 결심을 갖는다 돌아가야 해
조선땅으로 돌아가야 한다고 속울음을 삼킨다

눈 외 2편

박 금 란

하얗게 덮힌 눈
순결한 세상의 갈망
아기참새 날개쭉지에서
더 타오른다

황교안 아베 트럼프
그들은 눈을 보면
어떤 생각이 들까
대지를 덮은 어머니 마음
하얀 눈에
잠시라도 욕심 없는 마음으로 녹을까

만물은 눈 앞에서
하얀 마음으로 젖어드는데
작은 돌멩이도 깊은 사색에 잠기는데
눈 앞에서도
뻣을 궁리만 하는
황교안 아베 트럼프

그래서 눈에는

깊은 슬픔이 가라앉아 있나보다
그래서 녹으면 줄줄 눈물이 되나보다

정면돌파전
엄마참새가 힘차게 비상 한다
눈은 순결한 역사를 쓰고 있다
대지에 스며들어서
만물을 키우는

볼 장 다보는 자본주의

자본주의는 좀 고쳐서
될 일이 아니다

수업배당이 많아 쩔쩔맨다는
잘 나가는 교수는
자본주의는 좀 고치면 된다고 한다

평생 시간강사에 목줄 댕강이던
겨우 살아낸 강사는
내가 비정규직이었다고
자본주의 노예노동의 현장에서 고초를 겪었던
과거가 지금 새롭다고
김용균 비정규직 노동자의 죽음을 보고
뒤늦게 알게 되었다고

알게 되었다는 것은
인간에게 열려지는
무한한 가능성의 시작이다

겨울바람이 매섭게 불 때
가는 줄기 작은 나무가
더 춥고 애처롭다
인간의 본성은 가엾음에 대한
연민도 깊은데
자본주의는 인간의 본성을
갉아먹는 괴물이다

탐욕으로 얼굴 벌건
세종호텔 사장 주명건은
민주노조 활동을 하는 조합원들에게
임금 30% 삭감하고 해고 강제이직
갖은 탄압을 일삼다
세종호텔 앞 새둥지 같은 작은 농성천막을
2월 5일까지 강제철거 한다고 통보 했다
노동자를 억압하며 살찐 비곗덩이 탐욕이 최고인 양
이런 자본주의를 어찌 용납하란 말인가

짓밟는 경쟁 분열과 탐욕으로
살아가는 것이 잘 사는 양
동료 간에 이간질을 부추기는 노무관리
자본주의에 길들이는 폭력 앞에
작은 벌레 같은 삶을 강요당해
동떨어져 골방에서
혼술로 외로운 것은 이미 세태다

홍콩시위에서 보듯이
자본주의에 사육당한 몽매한 자유가
얼마나 위험한 것인지
반인간의 편에 선 자본주의에 오염 되었는지
모르는 자유가
인간을 얼마나 속물의 시위로 만드는지

인생을 정말 소중하게 살아야 하는데
잡초보다 못한 인간이 되는지도 모르고
바람 부는 대로 살아가는
몰주체로 만드는 자본주의 기계 속에 돌려져
로봇 같은 사람이
거리에 가득 하다면
인간으로써 인생의 꿈은 실종되고
우리는 무엇인가

자본주의는 서로 이기주의와 질투 탐욕으로
상처입고 후벼파진
변태 같은 인간의 무자유의 시끌거리는 수다 같은
공간이다

잉여가치를 노동자에게 쥐어짜는 것만이 아니라
식민지 민족의 자원과 잉여가치를 통째로 삼키는
제국주의 착취시장의 바탕이 자본주의다

외국자본이 52% 58% 침투당한 우리 경제
이익을 절반 넘게 뚝 떼어가는 기형경제

우리는 자본가 먹이가 되지 말고
제국주의 먹이가 되지도 말고
남을 먹이로 먹어치우려고 하지 않아야 한다

우리는 인간의 앞날을 향해 전진하는
자주적이고 창조적이고 의식적인
고상한 인간의 본성을 누릴 때
자본주의는 바로 무덤이 된다

집 앞의 나무

땅속에 뿌리 내리고
묵묵히 서있는 너

너의 잔뿌리들은
땅속 세상 억울한 얘기를
놓치지 않고 들었지

너의 듬직한 기둥에
깊은 밤 나의 생각들이 꽂혀
배어들었고
너 속에서 곰삭아져
나는 마음을 불살랐지

겨울나무 잔가지들은
살 트는 추위 같은
먼 곳의 에인 얘기들을
마음으로 다 담아내어
찬바람 맞는 너의 고생은
아무것도 아니라고 했지

그래서 잎을 피우는 너

세상 진실한 얘기가
막힘없는 너에게 닿아
이파리에 부딪치는 바람과 함께
어우러진 작은 노래에
내 마음이 너로 물든다

뽕브라 외 2편

박 창 민

걸치기만 하면 가슴이 생긴다

반달도 챙기면 보름달이 되어
전설 식은 늑대들도 우우

얼마나 푹신한 거짓말이냐
한숨에 푹 꺼지는 시름에도 그만이다

눈길만 시리게 스쳐 다니는 절벽에
벌써부터 진달래 몽우리 부풀듯
사랑스런 꿈 듬뿍 들어간 우월감으로
겨울바람에 여윈 하루를 오히려 위로한다

갑자기 입체감 생긴 자신감에
용기가 새로 생기는 남자들이 끌려오면
팔짱 껴서 더 크게 부풀리는 볼륨감
플래카드와 애드벌룬을 다시 정복한
생쥐 여장군 역사적인 기분도 이렇겠다

꺼진 기운은 모아주고 간과 폐는 키워주는

신상 브랜드를 안은 여신에게 "뿅" 가려면
잠깐만 돌아섰다 보시오
앞집 옆집 생각은 달라도 가슴이 모이는 날

브라봐, 새 날 새 아침이 빵빵하다

고추 지지대

여인이 세운 작대기가 있다

아침
눈밭에 꼭지만 남은 고추 줄기
겨울 은하에 북두칠성 같이 드러누웠다
하늘로 간 남편
지상 여기쯤 남은 생각을 잊지 말라며
한때 당신을
눈물과 땀으로 지지하며
눈부신 뙤약볕에서 속 맵게 살았음을

가슴 밭에 박혀있다

털레기

동해와 서해에 사는 새우들과
남해 기슭에 자라는 채소들 탈탈 털어 넣으면
한반도 맛이 난다지

휴전선 철창 아래 시월 민들레 뜯다가
우직스럽게 오가다 피맺힌 멧돼지
발자국 묻은 흙 한술 뜨고
고라니 뛰어넘다 걸린 털도 모아
돌아오지 않는 다리 가운데서 냄비 올려
남은 증오와 후회로 마저 끓여본다

배는 견뎌도 정에 고픈 이산가족들 고개 내밀면
편 가르지 않는 가을은 잘 익어 넘어가고

미운 역사 고운 이야기 이제는 시린 그늘들
탈탈 털어보아
치미는 속에 뜨겁게 넣어보면

언제 같이 시원하게 넘어가는 날 오나

모든 날과 일 다 아우르는
통일 탕 한 그릇 걸쭉하게 떠보나

십자가와 그림자 외 2편

박 학 봉

기원전 1 세기경 로마제국이
식민지 통치 상징으로 반란자와 로마시민이 아닌 자
식민지 노예를 잔혹하게 처형하는 도구로 사용하던 십자가
예수의 죽음으로 인하여
십자가는 천국으로 가는 창문이 되었다

행운의 표시 십자가는 참수형틀이 되면서 저주와 공포
예수가 참수된 십자가는 부끄러움과 저주의 나무
그 나무 십자가를 빼앗은 유럽 약탈자는
신대륙을 찾아 아메리카 원주민을 학살하고 땅을 빼앗지만
인디언 황금의 십자가는 평화를 원하였노라

살인자의 뿌리 미국은 총으로 원주민의 황금을 빼앗아
자기들이 섬기는 십자가를 황금으로 만들고
〈사탄의 아들〉 인디언을 불태워 죽이고 능지처참하였다
미국이 틀어 쥔 십자가 그것은
침략의 무기
제국주의 예수를 만들었구나

십자가를 앞세워 인디언 마을을 정복하면

임산부의 배를 갈라 아기를 꺼내고
어린소녀에서 나이든 여자까지 강간과 살인
엄마젖 빠는 아이를 빼앗아 바위에 머리를 으깼으며
사지를 자르는 악행에서 머리가죽 벗기기에 이르기까지
세계 곳곳에서 지금도 계속되는 침략과 학살
깨어나지 못한 세계정복의 헛된 꿈으로
아직도 미제의 교활한 만행은 계속되고 있구나

황금으로 만든 십자가는 인간을 지배하고
달러는 세계를 지배하는 하나님으로
자본주의 예수를 만들어
믿지 않으면 핵폭탄으로 위협하고
그래도 믿지 않겠다고 멀리하면
침 발라 둔 달러를 십자기에 붙여
'악의 세력이 나를 따르게 하고
믿는 자에게 원수에 대한 승리를 주며
우리가 십자가로 보호할 것이다'
하나님도 속이고 미제의 뱃속에 들어간 달러만큼
십자가도 삼켜버릴 것이다

십자가는 미제 죽음의 그림자
십자가는 양심이라 인권도 무시
십자가는 무기라 우리가 쥐면 정의라 한다
인디언의 참혹한 학살부터 광주의 학살까지
십자가를 앞세워 하나님의 명령을 거부했다

만인은 평등이 아니라 만인을 많이 죽일수록
미제의 십자가는 구원을 받을 것이다

미국파시즘의 부활인 자본주의 예수
식민지의 십자가가 미제 죽음의 그림자
미국파시즘이 미 제국주의 상징이라고
미제의 십자가가 죽어가고 있구나
비참하게 죽어가는 미제는 숨을 몰아쉬면서
마지막 운명은 십자가 부서지도록 움켜쥐고
〈달러신〉에 매달리어
십자가를 뿌리 채 흔드는 반미의 함성
반미투쟁의 폭풍을 막아달라고 구걸하지만
이미 달러신도 미제의 십자가도 피의 무덤 앞에 서있네

예수는 가난하고 소외와 핍박받는 형제를 위해
가슴을 열고 따듯하게 맞아 주었다
양단된 아픔 이 땅이 가난과 소외와 핍박의 땅이 아닌가
우리의 예수는
우리 민족의 진정한 해방과 통일을 안겨 줄 예수
복음은 이 땅의 평화의 소리
이 땅의 예수는 통일이다

어머니는 통일이다

어머니는 그리움입니다.
그리움이 쌓이고 쌓이면
내 영혼의 숨소리도 깨어
끝 모를 고결한 사랑이리니
이토록 사무치는 그리움이 없다면
오! 어머니라 다시 부를 수 없는
뜨거운 가슴만 있어라

타는 가슴에
돌아오지 않는 자식을 기다리는
어머니 마음을 헤아려 봤는가
전선에서 돌아오지 않는 아들
공장에서 돌아오지 않는 딸자식
바다에서 끝내 돌아오지 못하는 아들 딸
장갑차에 깔려 돌아오지 못하는 딸내미들
후미진 골방 딸러에 짓눌려 처참하게 찢어진 딸
모략에 납치되어 강제 억류로 생이별한 딸들
거리에서 쓰러진 자식을
뜨겁게 뜨겁게 안고 있는 어머니 불타는 가슴을

어찌 가까이서 사랑으로 느낄 수 있으랴

마음에 참으로 많은 사연 담고 있는 피눈물
그것은 어머니가 가는 길에
끝없이 솟아오를 사랑의 샘
진실하고 변함없는 어머니의 사랑이 품성이 아닌가
매를 들어도 당신의 가슴을 먼저 후려치고
종아리에 매질을 하시지 않으셨나요
쉽게 갈 수 없는 통일의 길 망설이지 않고 보내며
행여 험난한 길에 주저앉지 않을까
어두운 길에서 발을 헛디디지 않을까
이 생각 저 생각이 깊어질수록 근심 또한 커지나
늘 마음의 눈이 되어 지치면 편히 쉴 안식처되리

어머니!
멀어져가는 세월 속에
잊혀 지지 않는 것이 있으니
나는 어머니 넓은 등에 새록새록 잠들고
어머니는 머리띠 동여매고
붉은 담벼락 아래서 손톱에 진물이 나도록
긁으며 애타게 울부짖던 소리에
깨어나 보채면 얼러주는 노랫소리는
어머님의 다정한 목소리로 들려오는
신념의 메아리
그 소리는 한 아낙의 불의에 항거하는

투쟁의 울림 이었다

태양이 있어 빛이 있듯
어머니의 가슴은 따듯한 태양이 되어
불덩이 같이 심장을 뜨겁게 달군
추억으로만 남을 수 없어라
꿈속에서 행복한 어머니 모습
어머니는 나라의 당이 되기도 하고
어머니는 조국이 되기도 하고
어머니는 하늘이 되기도 하고
어머니는 태양이 되기도 하지요
때로는 풀잎처럼 연약한 여인이 되어
곱게 단장하면 봄을 부르는 꽃이어라

이름만 불러도 눈물이 왈칵 쏟아질 것 같은
어머니는 평화의 섬
이 다음
어머니, 태백산맥을 벼개 삼아 누우실 재
꼭 통일의 넋 흩어진
군사분계선 따라 누우세요
누군들 어머니의 가슴을 짓밟을 수 있을까요
동강난 한반도의 허리를 어머니라는 이름으로
사랑 가득한 웃음과 따듯한 손으로
품어 주세요
세상에 하나 밖에 없는 어머니

어머니 없이는 웃음이 넘치는
평화가 있을 수 없지요

역사의 수레바퀴를 억세게 떠밀어 오면서
진실을 담아 온 너그러운 품은 모든
자식을 위해 펼칠 위대한 사랑이어라
어머니의 사랑은 하늘의 별도 따오듯이
지극한 정성이 통일염원의 기둥이 되어라
통일의 어머니 불러봅니다.
어머니가 품고 있는 통일아
자식을 위한 눈물은 감출 수 있지만
분열 민족의 아픔은 감출 수 없어
너를 기다려 온 수십 년 가슴이 시려
밤을 지새운 날이 하루 이틀뿐인가
오로지 통일의 기쁨 찾아오려고
시련과 고통 이겨내고 한평생
한 마음으로 통일의 길 걸어왔다
진정한 통일조국의 품에 안길 그 날까지
통일아 어머니가 되어라

통일 아리랑

팔천만 가슴에 하나의 혈관이 있으니
그 핏줄을 통하여 부르는 노래
아 리랑 아 리랑 아라 리 요
백두대간 골마다 봉우리마다 통일아리랑 꽃

백두산에서 드넓은 만주벌판을 바라보며
천지가 울리는 호랑이 포효
갈기를 휘날리며 웅비하는 천리마기세로
민족의 기상 그대로 살아온
아리랑 민족이어라

한라산에서 푸른 광야 태평양을 달리며
거침없이 거센 파도 맞뚫고
산악같이 일떠서는 폭풍우에도 드팀없이
세계 우뚝 선 자랑스런 배달문화 민족이여
백두 한라의 자손 아리랑 겨레이어라

조선 민족 숨결 따라 끈질기게 이어온
온 힘을 다해 부르던 아리랑 노래야

나라를 빼앗긴 아픔에 눈물로 불러 보았고
살아서 돌아오지 못할 정든 고향 떠나며
나룻배에 앉아 강에 비친 조국산천 바라보니
슬픔에 겨워 아리랑을 부르노라

산 넘어 물 건너 들판을 걸어
가는 길 천리만리가 되어도 아리랑 부르며
조국 찾아 함께 가는 길
맨발로 쫓아가다 넘어져 무릎이 깨지고
돌부리에 발가락이 짓이겨져 진물이 흘러
백번 쓰러져도 다시 일어나 부르는 노래

흥겨움에 부르고
한이 맺어 부르고
그리움에 슬픔에 부르며 넘어가는 아리랑고개
산새소리 물소리 나뭇잎 부딪치는 소리만 울리는
해방의 고개
그 고개 넘는 길은 설움에 북받쳐 부르노라

단합과 민족 화합이 절박한 시대에
우리민족끼리
우리민족이 함께 부르던 노래
회령에서 부르면 회령아리랑
목포에서 부르면 목포아리랑

압록강 이 천리 굽이굽이 흐르는 물
강을 건너자니 사공 없는 빈 배만 바람에 춤추고
백두산 천지에 빨려 들어간 고개
구름에 가려 산을 넘자니 구름을 넘어야 하고
이내 한이 풀어지는 민족의 소리 아리랑이
강성부흥아리랑으로 퍼지네

바다로 가자하니
만선의 고기잡이배에서 흐르는
풍어아리랑 소리가 길을 막네
낙동강을 거슬러 남북을 가로질러 가자니
새도 넘나들기 힘든 문경새재
구불구불 고개에 세찬 바람에도 견뎌 피어나는 꽃
바람에 날려 한강에 떨어지니 기적 일세
겨레의 함성이 한강아리랑으로 울려 퍼지네

노래야 넘어라
분열의 벽을 넘어
적대와 불신의 가슴을 녹여라
우리는 하나인 민족으로 서로 존중하고
화해와 협력을 바탕으로 신뢰의 싹이 틔게 하여라

우리 마음속에 영원히 지워지지 않을 노래
통일 아리랑 노래부르며
참다운 조국의 미래는 통일된 나라

행복이 꽃펴나는 아름다운 나의 조국은
하나가 된 민족 하나가 된 우리나라
〈우리는 하나〉라고 세계에 외치노라

동포여 백두산까지 걸어 가보세
북의 인민들이여 제주도 와보소
남북은 이제 머쓱한 이웃이 아니라
다정한 벗 통일의 친구가 되어
마음과 마음을 이어주는 손을 잡고
선군아리랑을 통일아리랑으로
촛불아리랑을 통일아리랑으로 불러보세

어떤 바람의 술래 외 2편

- 양말 골목

손 순 자

일요일 아침
양말 골목엔
추적추적 비가 내리고
태화, 천일 상회도
굳게 문이 닫혀있다

빠르게 내달리는 세상 한쪽에서
과거의 영광 빛을 잃어가도
서로 도와가는 보통 사람들의 따뜻한 가슴과
그 속에서 피어나는 이야기도
하루쯤 쉬었다 가고 싶으리라

형록 분식집 군만두를 찾는 이 없고
문희 음악학원도 덩달아 조용한
비 오는 일요일 아침
대신4길 양말 골목엔
주차금지 표지판도 휴식을 취한다

아버지의 담배

아버지의 담배는
'은하수' 나 '백자'
같은 것이었다
건강에 해로움에도
늘 값싼 담배를 피우셨다

가끔씩은 문간방 '별이 엄마' 가 한 개비씩
인심 쓰던 양 담배를
연기에 취해 몽롱해질 때까지 피우셨다
남편이 '솔' 담배를 피울 때도
아버지는 '환희' 를 찾으셨다

고된 일을 마치고
마루에 앉아
한 개비의 담배를 피우시던
생전의 모습이
생각날 때면

한 번만이라도

'CLOUD 9' 같은
비싼 연기로
구름 도넛 만들어 달라고
떼쓰고 싶다

이상설 선생의 유허비 앞에서

시베리아 횡단 열차가 바람을 가르며
'우골리나야' 역을 막 떠나갔다
'블라디보스톡' 에서 한 시간
'우스리스크' 까지 버스로 또 한 시간
건너편으로 발해의 옛터가 보이는 수이푼강

연해주의 독립운동가 그 중심에 계셨던
이상설 선생의 발자취 따라 이곳에 왔다
1910년 8월 27일 성명회를 조직하여
침략세력에 항거하고 자주독립을 위해 목숨을 바친 당신!
마흔여덟에 멈춰버린 안타까운 젊음이여

독립운동사에 빛이 나는데도
기억하는 후손은 많지 않고
소련인들이 세웠다는 조선계 소련인 이상설 선생의 유허비
오늘도 세월을 안고 말없이 흐르는 수이푼 강가에
비바람 맞고 외롭게 서 있는 선구자여!

이 광고는 대필이옵네다 외 2편

아 사 달

텔레비
죤에는 달콤한 광고를 현대그룹이 함께 하온답니다

텔레비
죤에는 따듯한 광고를 삼성그룹이 함께 하온답니다

이들이
함께 하오면 달콤한 행복이 진
통제처럼 나리신답니다

이들이
달콤하게 속삭이는 모든 일은 공짜
아스팔트도 만들고
푸르른 나무도 만드는
멀쩡한 집마저 이 그룹들이 눈을 흘기면 금이 가옵고

그저 광고를 대필하는 선
한 여자만 육감적인 미소를 짓는데 잽
싸게 뒤에 붙어 하는 말이
현대, 가 삼성이 함께 하옵는다는 말씀만

눈 큰 여자의 붉은 입술에서 반짝입니다

촛불카니발

촛불은 맑고 가벼웠다
나는 촛불 안에 있었다
그 밖에서 혀만 날름대는 뱀은 안으로 들어오지 못했다
촛불은 가볍게 웃었다
촛불은 노래를 불렀고

새벽을 밀고 나오는 뻣뻣한 우울마저 에너지가 되었다
한뎃잠 눈 붙인 사나이 기지개 켠다
한판 붙자 한심한 놈아

촛불은 나보다 가벼워서 좋았다
제 무게도 추스리지 못하던 나는
촛불을 들고 저녁으로 출근했다
광화문 거리는 컨테이너로 묶였지만
아스팔트를 촛불이 밝히기 시작한다
서둘러 촛불에 얼굴을 맑히었다

반역의 히로인처럼 설레는 저녁답
즐거운 노숙자의 하늘은 붉다

책장을 넘기는 청춘, 옆에 탑을 쌓은 물병
김밥이 쌓이는 야전창고,

간판은 mb OUT!
경찰버스를 당기자!
아스팔트에 뒹굴자!
말 안듣는 청와대도 당겨오자!

책갈피 속 편지

어머니 손끝에서 자락자락 양념 먹고 나오는 음식은 참 맛있습니다
늦가을 어느 날, 김장 찢어 돌돌 말아 입에 밀어 넣어주던 김치맛이
아삭한 배추맛인지, 양념에 익은 어머니 손맛인지 한 번 더 먹어봐야
알 것 같습니다, 어머니 손끝에서 퍼올려지는 두레박 끝 넘치던 물
모서리 낡은 두레박에 코 박은 채로 꿀꺽꿀꺽 마시던 물맛은
두레박 줄을 타고 흐르던 돌이끼 맛이었는지 새끼 모습에 뿌리던
어머니 미소 맛이었는지 한 번 더 먹어봐야 알겠습니다
어머니 치맛자락에 생활의 푸념이 쏟아지는 선잠 들면
그 아득하고 따뜻했던 겨우내, 세수하라고 등짝 패던 어머니 손맛
입술 깨물던 어린 옹고집에 휘감기던 회초리 매운 맛도 그립습니다

맛있다고도 그립다고도 말 못한,

'이 놈 철딱서니야'

생선구이의 시간 외 2편

안 재 홍

늦은 점심으로 먹은 고등어구이 냄새가
그에게 들러붙어 떨어지지 않는다
고등어가 몰고 다녔을 파도가
숨을 내쉴 때마다 비릿하다

냄새로라도 남으려는 바다의 몸짓이
오후의 성당 종소리로 울리다가
잠시 시간의 부레를 부풀려 놓으면
긴 해안선이 몰려와 저잣거리에 눕는다

물때를 놓쳐 방황했던 날들이
미역귀가 되어 흐물거리지만
얼마나 쉼 없이 달려왔길래
그의 발바닥은 딱딱한 조개껍질일까

밤이슬 처량했던 노숙으로부터
지느러미 종일 퍼덕대던 시장통까지
수천 리를 헤엄치듯 걸어와
높다란 집 담벼락까지 다다랐는데
허우적대다가 굴러 떨어지기 일쑤이다

섬마을 저녁 서늘한 해풍 속
모래톱 아래 묻어두었던 말들이
허공을 날아와 귓가에 수런거릴 때
해조류처럼 흔들려왔던 그의 두 팔은
이유 없이 저릿해지고
오래된 갯내음 뒷골목에 가득하다

시래기국밥

우연히 들어선 골목 끝
탁자 몇 개 아무렇게나 놓여있는
시래기국밥집

대관령 말간 햇살에 푸르러지고
멧새 소리 들으며 자라난 무청
샛바람에 곱게 몸을 씻었다

한세월 떠돌다 자리 잡은 낙산 자락
언덕을 오를 때마다
뒤축이 자주 무너져 내렸는데

오늘, 국밥 한 숟가락
살랑살랑 속을 덥히더니
나를 멀리 데리고 간다

깊은 산골
평생 산등성이 밭에 매달려
시래기처럼 바스락 말라버린
오두막 속 우리 엄니

창밖의 세상을 건너

그는 빛과 어둠이 다투었을 때 어느 편도 들지 않았습니다.

아침 햇살이 새벽 철로 위를 달릴 때부터 별빛이 밤의 그늘에 수직으로 낙하할 때까지 푸른 옷깃을 거두지 않았습니다. 오월이지만 때늦은 한기가 여기저기 출렁거립니다. 마음을 창문에 붙여 두었다가 퇴근길에 꼭 떼어 가리라 생각했습니다.

창밖으로 멀리 보이는 동네가 포근합니다. 그곳에는 진실로 환한 웃음이 빛났습니다. 그의 오랜 기억 속에는 환하게 익은 웃음을 가져본 적이 없었습니다. 온 몸에 배어있는 냄새를 떼어 내기란 쉽지 않은 일입니다.

공장 한 구석에 하얗게 핀 찔레꽃의 모가지가 꺾이고 굴뚝 위의 시간은 더디기만 합니다. 그는 왜 그렇게 높은 곳까지 올랐을까요. 정돈된 시간은 가지런한 곳에서 흐르고 어지러운 시간은 여전히 어지럽습니다.

흰 옷 입은 사람들이 들판을 걸어갑니다. 낙화한 꽃잎 따라 나비 한 마리 날아갑니다. 그는 어둡지도 환하지도, 높지도 낮지도 않은 곳으로 슬며시 사라져 갑니다.

울릉도 산책 외 2편

유 나 영

내 삶이 고단한 까닭에 여기까지 왔다
남단 외로운 풍경을 마시고자
수심 깊은 심사를 끌어안고
영겁의 날을 풀고자 여기에 왔다

환멸은 불볕더위로 녹아 내렸으면 하고
은밀한 꿈이 아직은 남아 있다면
편설처럼 뿌리고 싶어서
그냥 여기까지 왔다

말없음이 또 하나의 의미라면
그 비밀의 실타래를 풀고 싶고
남은 인연의 끈을 느리고자
여기까지 왔다

내 삶이 고단해서 물에 씻길 것 같고
바람이 등을 밀어 줄 것 같고
물빛 따라 가다가
향나무 자욱한 자리에 향내음 몸에 배이면
때 묻은 의식을 닦아 줄 것 같아

여기까지 왔다

귀향 · 1

옹골지게 키가 커버린
정자나무 아래에
유년이 묻혀 있을 것이라는
믿음 때문에
사랑과 평화와 인정을 물으면서
고향 어귀에 와 있습니다

철 따라 꽃은 피어오르고
산풀이 지천을 깔고 있는
자리에서
그리운 얼굴들을 부르기 위하여
산릉선 쪽 오솔길을 걷고 있습니다

한 겨울인 까닭에
댓잎 스산히 떨려나고
고향 뒷산
내가 자란 자리의 짚단을 찾아 헤매며
새록새록 돋은
기억을 줍고 싶지만

깡그리 말라버린 자리
흔적마저 찾을 수 없습니다

사람이 사람을 그리워하는 것은
그것이 삶으로 풀어 대는
운명이겠는데
어차피 잃어버린 세월을 배기고 있습니다

귀향 · 2

내가 태어난 곳이어서
그리고 자란 곳이어서
여름 한낮의 갈증처럼 타오르는
사랑을 들고 왔습니다

사랑이 질펀히 깔려 있을
사랑을 줍고 싶고
기다리는 사람이 문밖에서 서성일
그 음성을 듣고 싶고
길가에 즐비하게 널려 있는
생활의 흔적에 묻혀보고 싶고
아버지의 등짐 높은 가을걷이를 보고 싶어서
고향을 바라보고 있습니다

막 뜰을 나서고 있는데
내가 소리쳐 부르면
허공에 맴도는 것 뿐
고향은 매몰차게 상흔에 쌓이고
아무도 마중하는 이 없는

이 기막힌 풍물을 울리고 있습니다

돌아가고
그 모든 것마저 앗아간
언덕에 오르고 있습니다
아무도 올 리 없지만
내가 자란 곳이기에
나는 나의 언덕에 오르고 있습니다

그녀의 녹차라떼 외 2편

윤 선 길

그녀는 녹차라떼를 사줬다

나의 직업은 컴퓨터 수리공
기계덩어리의 마음도 수리를 못하는 돌팔이가
오류메시지 가운데서 해찰한다

따지고 보면 단 한가지 이유만이 아니다
한 부품만 갈고나면 해결될거라 믿었던 나의 단순함을 반성한다

내 마음도 같은 구조를 가지고 있을거다
하나의 마음안에는
여러 사건이 부품으로 담겨있지만
내 피는 과격하게 그것을 해석해
몇걸음은 그것을 지나치게 만들었다

그것을 몇번 반복하면
나는 미로에 서 있었다

그녀의 녹차라떼 가운데서
잔잔한 우유가 걸어오는 발소리를 듣는다

넌 반드시 문제 한가운데서 멈추어
과격한 과거의 기어를 돌릴 수 있다고

우유의 목넘김을 따라
조심조심 걷다가 발길에 걸리는 게 있었다

그게 나였다

눈물을 결제한다

자비를 기다리는 나를 보다

차가운 바람이 내 눈을 긁고 지나가면
사연들이 변환되어
땅으로 떨어지려는 눈물

발걸음을 뗄 수 없었다
저 차가운 바람은 무엇때문에
날카로운 살갗을 갖는가

누구도 물어준 적 없었다
단지 긁히는 카드처럼
결제되는 돈과 승인 여부에만 골몰할 뿐
그래서 바람은 지금까지 날카로운 주먹만 연마했다
누군가에게 간절히 한 방이고 싶었고
눈물 흘리는 자에게서 삶의 의미를 찾고는 했다
하지만 나의 눈물은 그의 가슴을 뒤진다
그에게도 따뜻한 시간은 있지 않았을까
격투가처럼 치열한 삶을 사는 그의 몸 속

그는 아버지 같았다
자기의 미래를 위해 힘차게 세상을 돌려나갔으나
자기를 이용하기만 바라는 끝없는 욕심에 질렸다

그의 말들을 들어보니
그냥 있을 수가 없어
그의 손바닥에 긴 줄기의
눈물을 결제한다

빛을 두려워하지 않는 어둠

빛은 어둠에 다니는 이들에겐 쾌락의 도구이다
오늘도 그들에게 적당한 빛을 주면
그들은 눈으로 모든것을 쾌락으로 치환한다 모든 것을 짓밟고 모든 것을 더럽히고 모든 것을 찢는다
차라리 빛이 그들의 싹을 알고 미리 모습을 숨겼다면 수많은 피해자는 생겨나지 않았을 것이다
저 많은 용서가 얼마나 많은 기만을 만들고
화창한 빛에 걸어다니는 이들에게 셀 수 없는 억압을 주었는지

느껴본 사람이라면
어둠에 다니는 이들에게 빛을 주는 것이 낭비라는 것을 알 것이다
어둠에 다니는 이는 어둠의 방식으로 다루어야만
빛이 어둠의 모욕스런 이름을 지고 뛰어다니는 걸 막을 수 있지 않을까

오늘도 수많은 어둠이 빛의 이름을 내밀고 뛰어다녀
드라큘라가 빛을 무서워하지 않고 생사람의 피를 빠는 것을 보고 있다

사람들은 납득하기 시작했다
용서된 이들을 죽여야만 하는 이유를
우리들을 죽이려고 이 땅에 나타난 저들의 모습에 훤히 드러나 뵈는 내일을 외며
점차 사랑을 잃어갔다

불면증 외 2편

이 선 유

내 몸은 잡초밭
개망초 강아지풀 여뀌 아니라
몸속에서만 자라는 새로운 종의 풀들이 산다
우울초 무심초 홍분초
한 번도 본 적 없는
좀처럼 사라지지 않는 질기고 질긴 풀들
삶의 어깃장은 왜
예고도 없이 불쑥불쑥 나타나는지
그날그날 감정의 등고선이 풀들을 키운다
밤은 그들의 활동 무대
빗소리가 창문을 두드리며 의문을 던지는 날
돌개바람이 마음을 헤집어 놓고 가는 날
표정을 멈추고 풀들을 키운다
잠을 동여매고 풀들을 키운다
온밤을 뒤척이는 그런 날
풀들은 제멋대로 웃자라 무성해진다
웅크리고 있던 불안의 씨앗들이 촉을 세운다
웅크린 절규가 갈기를 세우고 걸어 나온다
누군가 한쪽 머리만 집중적으로 가격한다
뒤엉킨 잡풀들이 벌레를 낳는다

벌레 한 마리 온밤을 기어 다닌다
풀들이 제풀에 쓰러진다

휘청거리는 잠을 접어 새벽의 미간에 밀어 넣는다

덤

주머니를 따듯하게 하는 말

대형마트에 포인트가 있다면
재래시장에는 덤이란 게 있지요

동태 두 마리 사면 홍합 한 줌 집어주고
배추 세 포기 사면 생강 한 톨 얹어주는,

무언가 쥐여 주고 얹어줘야
마음 편한 넉넉한 손들

덤의 공식은 마음에 마음을 더한 것
덤의 온도는 체온에 체온을 더한 것

마음이 추운 날은 시장으로 가지요
주고받는 훈훈한 거래에
사람냄새가 나요

사람과 사람 사이에 끈이 있듯

덤과 덤 사이에도 보이지 않는 끈이 있지요

끈끈해서 끊을 수 없는 끈
끈적끈적해서 발을 뺄 수 없는 끈

시장에는 전자저울보다
손저울을 더 좋아하는 사람들이 있지요

무단 입주

그녀는 세 개의 둥근 속주머니를 가졌다
열 달 내내 풍선처럼 부풀던 한 개의 주머니와
아기 입에 물려주던 또 다른 두 개의 주머니
은밀한 곳에 숨은 주머니들은
물결무늬가 새겨져 있었다

여문 씨알이 하나둘 빠져나가고
빈 주머니엔 시들시들 적요만 들어찼다
언제부턴가 그 자리에 흑거미 한 마리가 들어왔다
거미는 제집인 듯 새끼를 슬어놓고 점점 자리를 넓혀갔다
단단하게 굳어가는 자리에는
알 수 없는 통증이 수시로 드나들었다
그녀는 둥그렇게 몸을 말고 앉아 있기 일쑤였다

한쪽 가슴을 도려낸 자리엔 울음이 고이고
빈 주머니를 쓸어내리는 손목에
거미줄처럼 엉킨 핏줄이 드러났다
무수한 눈물이 다녀간 거미집을 제거한 뒤
그녀는 뚝뚝 떨어지는 젖을 받아먹고 있었다

말라붙은 속주머니를 채우려는 듯
링거 주머니가 그녀의 손목을 적시고 있었다

시왕의 잠 외 2편

이 승 호

우리가 그에게 바친 찬사는 단 몇 줄도 되지 않는다
수많은 시인의 등장과 더불어
쏟아졌던 현란한 수사에 비하면,
그는 마치 저쪽 누군가가 불러준 것처럼 제 울림의
반향도 모르고 우리들 곁에서 떠난다
백성이 없는 왕이여
위대함이란 안락에 빠진 우리를 불러내어
두려움을 갖도록 만들며
신이 아니라 그가
신의 옷을 훔친 자임을 뒤늦게 알게 되더라도
우리의 찬미는 그의 귀에 닿지 않을 것이다
정원의 시큼한 열매가 맛이 들어
그가 응시하는 대로
허망하게 밤의 공간으로 떨어지는 것을
우리는 긴 탄식 속에 바라본다
나 자신을 어쩌지 못해 쩔쩔매는 시를 안타까워하며

여인의 슬픔이 아름다운 육체에 있다면
왕의 슬픔은 죽음에 있으니
고독은 검은 항아리처럼 익고

그는 진정 왕이 되어 우리를 구속한다
이제 우리는 겨우 배타적인 것들의 등가성을 눈치채고
어둠과 빛, 세라핌과 사탄의 노래를 구별하지 못할 때
악이여 너는 이 땅에서 뜻을 이루었으니
그만 쉬어라 하고 농담을 던질 수 있다
영원한 창공의 평화로운 아이러니가
꽃과 같이 속절없이 아름다우며*
그가 살았던 시대의 울타리마저 그의 영속성 위에
형체를 잃어버렸다
램프 아래서 작은 나무 책상 하나가 꿈을 꾸듯
그의 영예는 고귀하며
마침내 불구덩이에 던져져 활활 타오르리라
밤에로의 귀환
이제 그에겐 인간 자체가 지닌 그 어떤 모순도 없다
한 종족도 거느리지 않았으므로 누가
시왕의 영원한 잠을 깨우겠는가
우리는 그가 만든 정연한 세계에서 마음을 놓을 뿐
여기 췌사를 올린다
아아 장미나무 관을 쓴 긍지의 종지기여!

*말라르메, 〈창천 (蒼天)〉에서

농가의 마루에 앉아

집 앞 갈대숲은 허공을 쓸고
귀여운 꿀벌들이 주위로 날아다녔다
마치 누가 그러도록 시킨 것처럼

새들은 가까이서 울고 있었다
은근히 기쁨에 물든
담장 아래 꽃들아
이 느낌을 뭐라고 표현하면 좋을까
생은 한순간에
어떤 공간이 마련해주는 신성한 분위기에
빠져드는 것을

그러나 새삼스레 무엇을 깨닫게 된 것은 아니다
고통스러운 일과
달콤한 입맛을
나는 빨리도 구분하며 살았으므로
농부의 성심이 늘 매만지고 일으켜세워
결실에 이르게 된다는 진리 말고는.

불알을 긁다

꺼드럭거리는 꼴이라니
축구시합을 시작하기도 전에
저쪽 애들이 몸을 풀고 있다

야유회 가기 전날부터
사장은 공 잘 차는 몇 놈을
미리 자기 팀으로 뽑아 두었다
지질한 인생들아
추리닝 바지에 두 손을 찌르고
불알이나 긁으며 미적거린다

붙어보나마나.

캐비닛 속의 연가 외 2편

이 중 동

그는 어느 귀퉁이에 서 있었지
흰 벽을 배경삼아 버티고 선 당당함이
견실한 남자를 닮았다고 생각했지

내가 그의 몸을 더듬으며 들어가 누었을 때
나는 태아처럼 편안했어
지상에 의지할 한 평 다락도 없었을 때
어둡고 차가운 몸뚱이를 그가 알아주었지

팔다리를 꼬거나 이마를 대고 누우면
비좁던 어둠도 천천히 평수를 늘려갔지
그는 세상에서 가장 넉넉한 주인이 되었지

그의 품 안에서 익숙해진 고독을 견디면서
나는 애벌레처럼 우화를 기다리고 있었어
오랜 침묵과 끊어진 인연들은
나를 점점 순종의 계절로 넘기고 말았지

언제부턴가 그는 내 안의 올가미가 되어

나의 숨결마저 조이고 있었지
그러나 그는 여전히 귀퉁이에 서 있을 뿐
나는 캄캄한 어둠이 좋았지

식후 30분

뱀 한 마리 동굴을 기어 나와
독기를 충전 중이다
갈라진 혓바닥으로 온도를 감지하며
냄새의 방향을 따라 대가리를 쳐들고 있다

기는 것은 구전된 그들만의 언어
감춰둔 발톱들은 때가 되면 본능처럼
날을 세울 것이다

충전을 끝낸 뱀이 벽을 기어오른다
금단의 열매는 맛이 있는데
암흑의 시간만큼 유혹도 간교해졌을 것이다

허기를 숨긴 뱀이 비늘을 세운다
가느다란 몸에서 잔물결이 일어난다
독의 분사는 빛처럼 빠르고 표적처럼 정확하다
요동치는 온몸이 고통으로 출렁인다

고통이 허물을 벗는다
통증 뒤의 시간은 길고도 평온하다

맨드라미의 꿈

파리바게트 앞 화분에 그가 산다. 늦여름 빵집 여자가 화분에 엉덩방아를 찧는 순간 그는 세상 밖으로 튀어나왔다. 그의 성장속도는 느렸고 심한 일교차로 앓아누울 때도 많았다. 열병을 몇 차례 치르고서야 닭 볏 같은 얼굴을 부끄럽게 내밀었다. 빵집의 문이 열리면 빵 굽는 냄새가 고소하다. 빵집을 오가는 사람들은 그에게 눈길 한번 주지 않는다. 그의 외모는 사람들을 유혹하지 못한다. 그는 늘 외톨이다. 가끔 엄마의 손을 잡고 온 꼬마 손님이 툭 건드리기라도 하면 그는 출렁출렁 신이 나서 춤을 춘다. 빵집의 불빛은 화려하고 불빛은 별빛보다 아름답지 않지만 그는 늘 창밖에 서서 진열된 빵들을 바라본다. 빵집에 불이 꺼지고 여자가 돌아갈 때면 그는 유리문을 깨고 쪼르르 달려가 크로와상, 소보루, 카스테라, 슈크림빵, 찰깨빵을 콕콕 쪼아본다. 그러다가 아무도 몰래 자신의 모습을 본떠 만든 반죽을 오븐에다 넣고 노릇노릇 구워보기도 한다. 밤새 구운 빵은 빵이 되기도 하고 꿈이 되기도 하고 슬프도록 빠알간 꽃이 되기도 한다.

돌멩이의 슬픔 외 2편

이 정 희

나는 육교 위 시멘트 바닥에
내동댕이쳐져 있다
울퉁불퉁한 얼굴에
어른 주먹만 한 몸으로
한밤중 야식 배달 오토바이가
굉음 소리를 내고 지나가면
내 몸도 튕겨져 올랐다
육교 밑 자동차들은
폭포 소리로 흘러가고
마음 무거운, 내일이 없는 사람들에
걸림돌 되어 분풀이 하듯
발길질로 나를 걷어차며 숫을 날렸다
데굴데굴 구르며
순식간에 무기로 변해버릴
팔딱거리는 심장을 붙들고
원망조차 호사처럼 느껴졌다
널브러진 채 환청이 들려왔다
디딤돌로 살았던 개구리 연못 속
억척스레 울어대던

사랑의 합창소리가 아스라이
들려왔다

모과 열매

초등학교 교정의 모과나무
숨바꼭질하듯
이파리 뒤에 숨어
빼꼼히 얼굴 내민 모과들

아직 설익은 모습으로 공중에
매달려 세상 모르는 천진한
얼굴들이다

조잘조잘 떠들고
데굴데굴 구르고
공 차며
뛰는 아이들

저 시고 떫은 놈들
울퉁불퉁 예쁜 놈들

오래 참고 기다리면
늦가을 잘 익은 모과 열매처럼
향기 가득한 어른이 되겠지

부딪치다

생활의 벽에 부딪쳐

마음이 아픈 날

구멍가게 앞

허름한 나무 의자에 앉아

가난한 마음들과 부딪쳐 보자

눈빛끼리 부딪치면

마음까지 부딪친다

현실을 훌훌 벗고

충돌이 아닌 아름다운 접촉

가끔은 그렇게 부딪쳐 볼 일이다

명필 외 2편

임 향 자

산과 들에 펼쳐진 바탕체
신명조체로 활기를 넣다가
가끔은 웃자란체도 나온다
고개 내미는 나물은 돋음체
필체를 남발하는 잡초들은 필기체
이파리는 바닥에 그늘체를 쓴다
과수원은 불그레한 복숭아체를 즐기지만
여름을 넘기지 못하고 다 지워진다

둘레길 이슬 젖은 패랭이는 함초롬체
갈대밭은 어느새 흔들체로 바람결을 탄다
단풍은 방화체를 선호하고 온몸을 태우지만
흘림체를 쓴 담쟁이가 단연 명필이다
글씨체를 바꾸고 흙으로 돌아가려는 계절
전나무의 마지막 뒷모습은
고색창연체 속에서도 완벽한 고딕체이다

나는 주름체를 다양하게 늘려간다

바람의 서법이 흔들린다

그릇의 크기

장을 담아내는 종지부터
보시기 탕기 접시 대접 주발

사람도 그릇의 크기를 닮았다
종지처럼 속 좁은 사람이 있고
소래기처럼 품이 넓은 사람이 있다
총각김치 열무김치 배추김치를 담아내는
적당한 크기의 보시기는
두루 쓰이는 평범한 사람 같다
깊은 가슴을 가진 대접은
남의 허물도 덮어준다
유리접시는 품지 못해 소문을 흘리거나
두 사람 사이에 금이 가게 한다
뚝배기는 펄펄 끓는 것도 껴안고
안으로 삭인다

사랑으로 그릇을 빚는 사람들
그 그릇의 깊이가 다르다

달의 후렴

포지타노* 절벽을 타고 촘촘히 터 잡은 집들
계단에 핀 불빛과 달빛 속에 들어앉아
등전만리심燈前萬里心을 본다
와인이 혀에 스민다
잔을 들어 지중해에 뜬 달을 받쳐 드니
그림자와 하나 되어 해안의 풍경이 된다

어둠을 내려놓은 바다
그리움을 가득 채운 모서리 어디쯤
초승달에 잔을 채운다

받아주고 보내주는 것들에 서툴렀던 날들
내 것이 아닌 것들이
보름달로 차오른다

떠난 게 아니라고 믿었던 젊은 날의 뒷모습처럼

* 포지타노 : 푸른 보석으로 불리는 이탈리아 남부 해변으로 바다를 향해 급경사를 이루는 절벽에 건물과 집들이 들어서 있어 관광객이 몰려드는 도시이다.

번개 외 2편

장 혜 승

유월이 장대비로 내리치고 있다 나는 허겁지겁 솟아오르고 고운사 돌부처님의 몸에서 밤꽃냄새 진동한다 지나가던 장맛바람 풍경을 흔들어댄다 부처님 백고무신 한 쌍 입 꼬리가 귀에 걸린다 하늘에 비상이 걸렸다 빛을 빼앗긴 땅, 빗방울회초리에 온몸 내어준다 잠복했던 죄들 자복하여 엎드리고 나는 천둥으로 운다 부처님귓밥 발끝까지 치렁거리고 밤꽃냄새 우박으로 쏟아지고 나보다 더 깊이 찢긴 누구의 울음이 서에서 동으로 내리 꽂힌다 패인 틈마다 고리달린 불의 씨앗들 머리 박고 들어간다 눈 깜빡할 사이었다

빨간 입술

풍진세상에서 살다가는 떨거지 잎은
초록에서 빨강으로 내몰린 늙은 입술이어서
아! - 라고 울부짖으니
천지만물이 허둥지둥 비켜가네

거친 숨 몰아쉬며 죽어가는 연못 위로
살아 비틀거리는 길 위로
산 것도 죽은 것도 아닌
물컹한 늪지대로 좌정하시면
위대했던 한 사랑은 끝이 나네

멋진 낙하만이 꿈으로 간당거리는
가여워서가여워서 황홀한 저 잎, 살짝 열린 입술
당신의 따뜻한 입술로 살짝 포개주면
다시 새파래질 것 같은 저 새빨간 입술

십자수 뜨다

덫에 걸린 물들이 눌러 앉은 연못
소금쟁이들 머리 맞대 수군수군 떠 있다
작은 기척에도 온몸 떠는 물살 앞에
허겁지겁 내려온 황소바람 못 둑을 당긴다
못 속 팽팽해진다

억장 무너진 삭정이 시끌시끌한 나무들 데리고
들어간다. 뒤틀린 숲이 따라간다
소금쟁이들 솜털 발 꽂아 십자수 뜬다
가위표 하나씩 수면에 박힐 때마다
내 몸이 따갑다
가위표 꽉 찬 못 속으로
먹장구름 낙관으로 내리박히자
못 속 활딱 뒤집어 진다

바깥세상이 물구나무 선 채 끄떡인다
시퍼렇게 소리치고 싶은 내 몸 사방팔방으로 열려
소금쟁이들 띠 줄로 진을 치고
나는 못물 한 장씩 포를 떠
갈라진 행간으로 꾸역꾸역 밀어 넣는다

혼자 두는 바둑 외 2편

조 길 성

돼지고기를 삶으면서 저녁 비 내립니다 하수는 겁이 없고 고수는 변명이 없다며 검은 돌을 쥐고서 어둠이 내립니다 끈 없는 구두에 질끈 끈을 동여매며 오시는 저녁입니다 흰 돌이 부족해서 어쩌나 걱정하시며 낙숫물 듣는 저녁입니다 살아 있는 유리창은 고요하지만 죽은 유리창은 동맥을 그을 수도 있다며 날카롭게 내리는 어둠입니다 그녀가 갈비뼈 사이에 살고 있는 툰드라에서 서리꽃이 피었다며 웃는 차가운 저녁입니다 중원에 검은 돌 한 점 놓고는 고요만이 가득한 저녁입니다 평생 빈삼각만 두며 살아왔다고 거북등 같은 건 본 적도 없다며 내리는 어둠입니다 나뭇잎을 단체로 떨어뜨리며 겨울이 강제 행정대집행 들어오는 저녁입니다 나이를 먹으니 혼자 중얼거리는 일이 많아진다며 흰 눈썹 휘날리며 그 분이 오고 계시는 계가 불가능한 어둠입니다

혼자 일 때 혼자가 풍부해진다

날씨가 완장을 찼는지 제멋대로입니다 한나절에 사계절이 두루 다녀가십니다 주서식지를 떠나 사람으로부터는 퇴근하지 마시길

줄거리 보다 양념이 더 많은 이야기를 지닌 몽땅 실패한 사랑의 작대기가 눈에서 고름을 짜내며 갑니다 피가 농약인 여자 누구에게도 쏟아질 수 없고 누구에게도 수혈할 수 없는 여자가 뜨거운 피에 겨워 깊은 밤 손칼국수를 썰고 있습니다

몹쓸 놈이 듣지도 않는 약을 때마다 팔아먹는 계절입니다 푸른 것들이 수묵화를 부욱 찢으며 돋아나더니 어느새 서리 묻은 옷을 걸치고 오는 계절입니다 지팡이로 툭 치니 꽃들이 깨어난 엊그제가 도마뱀 꼬리를 자르고 사라진 뒤에 아무리 삐꾸기 날려도 대답이 없으니

물 밑에서 생각합니다 우리가 전체 관람 가 극장에서 만날 수는 없었을까요 여기는 심야영화관 홀로 영화를 봅니다 산비둘기 울음에 피가 맺혔어도 그 피에 젖는 이 아무도 없는 영화관 자막에 내리는 빗금 속에서 용비어천가를 듣습니다 뿌리 깊은 나무는 바람에 흔들리지 않고 샘이 깊은 물은 가뭄에 그치지 아니하나니 얼음 밑으로 뜨거운 것이 흐르는 물 속입니다

꽃은 부드러운 칼입니다

당신이 칼을 들어 꽃을 베고 떠난 지 오래되었습니다만 오늘 그 말씀이 내 혓바닥에서 다시 꽃피는 걸 봅니다 꽃 속에는 망막 너머 깊은 바다가 있어 내 목젖 가까이 깊은 골목에까지 들어와 찰랑거립니다

한때 당신이 우물이었을 적에 나는 보름달이 지나가다 떨구고 간 고등어 비늘이었습니다 언젠가는 고등어를 마당에 꽃 피우고야 말겠습니다 다시 말씀을 주세요 칼처럼 부드러운 꽃을 내 검은 혓바닥에 피는 꽃은 말고 의주나 블라디보스톡이나 봉천이나 길림이나 목단강이나 그런 이름들로 불러주세요 그런 이름들은 자리끼 얼어붙는 저승 윗목쯤에 있어서 죽어서도 이 으드드득 부딪는 턱으로 남아있어서 씹어도 씹어도 다 씹지 못하는 되새김질이겠지요만 아직도 고막에 맺힌 그 말씀으로 주세요

다시 칼을 주세요 아니 꽃을 길을 버린 이름들에게 말씀을 물푸레나무 몽둥이나 소 좆 몽둥이로 맞아 흩어진 살점 닮은 꽃을 주세요 연은 끊어져 날아가고 실타래는 엉켜버린 이미 죽은 바람들이 날짜 지난 신문을 서로 읽으려 싸우다가 당신 뼈로 피리를 부는 막다른 골목입니다

새 주소 외 2편

최 순 섭

언제부턴가 번지가 길로 바뀌었다

한 평도 안 되는 옛 번지에 살다
본향 찾아 새 주소로 이사 가신 분들은 어찌 살고 계실까

그 넓은 하늘 길에 김수환 추기경님과 법정스님이 함께 뒷짐 지고 산책하고 계셨다

이따금 폭포수 흘러넘치는 은하 길
한 귀 포장마차에는 천상병 시인과 중광 스님이 마주 앉아 깔깔깔 대폿잔을 기울이고 계셨다

옛 번지가 그리우신지 모두
땅 아래를 바라보며 환하게 웃고 계시다

아버지의 발

공사장에서 일하시는 아버지가
대낮에 절룩절룩 한 발을 들고 집에 오셨다
군살 배긴 아버지의 발은 못에 찔려도 피가 나오지 않았다
덧나지 않게 피를 빼야 한다고 망치로 발바닥을 마구 두드리셨다
온몸에 번지는 통증은
오장육부를 관통한 일용할 양식
못 구멍으로 아버지의 빈 수레가 흘러나왔다
아버지는 못 구멍에 호랑이기름을 쓱 문질러 막고
장군처럼 공사장 쪽으로 걸어가셨다.

색깔론

봄인데
(…)
한 걱정하다
하얀 거울 앞에 무슨 색을 칠할까
주섬주섬 옷장을 뒤적이다 붉은 티를 입었다
확, 눈에 띄는 것이 불안해 아래는 파랑
청바지와 어울리는 붉은 티를 입은 한 청년이 봄 앞에 서 있다
언제나 지틀리면 벗어던지는 모자는 노랑

끝물 외 2편

최 태 랑

찜질방 거울에 붙은 주인장의 안내문
'헤어드라이기로 발, 항문, 세탁물 말리지 마시오'
발이나 세탁물은 그렇다 치더라도
가스를 요란하게 배출하고
괄약근이 꽉 물고 있는 그곳
남아 있는 끝물을 찾아서
거기까지 닿는가 싶어
그 자세를 취해보려고
엉거주춤 손을 뻗어도
말미잘같이 꽉 오므리고 있다
언제나 통로 문을 걸어 잠그고 있는
오묘하고 신비한 종착
사막의 낙타 발자국처럼 말려들어 간 그곳
남도 유배 길에 맺힌 끝물

비망 일기

앳된 초급장교 시절 월남전에서
첫 임무로 병사 일곱 명을 데리고
적이 지나는 길목에 야간매복을 나갔다
안개가 늪으로 번지는 몬타나촌 습지
무덤이 될지도 모르는 곳에 호를 파고
눈썹까지 하얗게 질리는 공포를 견뎠다
이른 새벽 갈대숲 사이로 수상한 발자국 소리
저벅저벅 예측할 수 없는 생사의 기운이 감돌았다
접근 거리에 다다르자 오 분 만에 모두 쏴버린 일제사격
초연이 걷힌 후 절명의 소리가 들렸다
어림잡아 일 개 분대는 눕힌 것 같았다
훈장이 어른거리고 포상휴가가 당겨왔다
지표면에 깔린 안개가 걷히고 여명을 기다리는 동안
숨골이 멎고 시간은 한없이 길었다
날이 밝아 수색을 하니
아뿔싸, 지나가는 물소 떼를 잡았다
전공보다 양민을 보호하라 했는데
되돌릴 수 없는 실수
하루아침에 전장의 범죄자가 되어 법정에 섰다

잡혀온 포로처럼 불안했다
판결이 나왔다
남십자성 무량의 달빛이 환했다

필명

어느 문우가 필명을 '날필'이라 지었다고 그렇게 불러달란다 글 잘 쓰면 되었지 필명은 무슨 필명이냐고 이름 앞에 품격을 높이려고 아호, 작위, 닉네임을 붙인다지만 이름 바꾼다고 글이 달라지냐 했더니 필명이라도 좋아야 글에 날개를 달고 하늘을 날 것 아닌가 한다

우리 집 강아지 이름이 말순이인데 말띠인 나를 닮으라고 지어준 이름, 이놈이 주인 못된 것만 빼닮아 여름 소나기처럼 변덕이 심하고 사납기가 고양이 발톱 같고 고집이 코뿔소 같다 그래 할 수 없이 좀 순해지라고 양순이라 바꿔 부르니 제 이름 놔두고 다른 이름 부른다고 주인을 꼬나보며 옴팡지게 짖어댄다

분수 외 2편

표 규 현

나는 늘
높이 솟으려고 했지만
하도 높은 것이 많아
그저 오줌 줄기 같다

제 키를 생각 않고
뛰어오르기만 하면 되는 줄 알았다

착지를 모르던 시절
나보다 높이 뛰는 놈이 있으면
약이 올랐다

물보라 건너
공을 굴리는 아이들
농구하는 청년들

이 켠에는
장군을 부르는 소리에
정신이 아득한 노년들

늙은 분수는
젊은 분수를
멀거니가 되어
바라본다

분수가
태양을 잠시
덮는다

빛나는
물방울의
안개

막장

회오리에 탄 가루가 날립니다 검은 무궁화가 꽃을 피웠습니다 술잔이 돌고 붕어들이 어둡게 입을 뻐끔거립니다 남자들은 나도 꽃을 피우고 싶다고들 하면서 막힌 구멍을 찾아 들어갑니다 검은 운동장에 비가 내리면 마을도 시커멓게 흘러갑니다 교문 앞에서 검은 콧물을 흘리며 아이가 엄마를 기다립니다 와이셔츠 소매가 검은 선생이 아이를 배웅합니다 천정에서 떨어지는 물을 꿀꺽거리고 마시면 가랑이 사이를 흐르는 검은 땀이 됩니다 곡괭이가 휘청하고 꽂히면 석탄이 울컥하고 쏟아집니다 소리는 없고 눈빛만 있습니다 빛의 반대로 자꾸만 가세요 깊은 곳에서 빛을 뿜어대는 검은 태양을 보세요 고약 덩어리가 엉겨 붙는 어두운 꽃이 무더기로 핍니다 처자식의 심장을 파듯 무덤을 팝니다

망령

깊은 곳에서 머리카락을 풀어 헤치고 올라온다

배고프고 외롭고 서러워서 온다 산책하는 이의 뒤를 따른다 휘파람을 분다 이름을 부른다

공원 벤치에 앉아 있다 검은 안개 그루터기에 기대어 있다 깊게 꺼진 눈구멍으로 바라본다 흐물거리며 웃는다

방문 앞에 서 있다 잊지 말라고 흐느낀다 죽은 피를 짜내듯이 운다 갈 곳이 없다고 한다

폐지 더미를 끌고 간다 골판지를 깔고 잔다 들리지 않게 중얼거린다 몸을 뒤틀며 오그라진다

가던 길을 잃고 넘어져 이마를 깨뜨린다 눈동자가 점차 흐려진다 기억이 죽어버린 집 사진 속에서 얼굴 뒤를 하얗게 넘겨다 보고 있다

뒷간 문짝을 두드린다 찬장 문을 드르륵 하고 연다 주섬주섬 장롱을 뒤진다 같이 가자고 손을 내민다 다리가 없고 잘 보면 그림자가 없다

우물 속으로 흰 머리카락 들어간다

두만강 외 2편

홍 용 암

역사의 강 — 두만강!
네 거울에 비친 흰옷의 그림자들
너는 기억하고 있으리라

너를 건너오던
흰옷 입은 서러운 나그네
쪽박 차고
막대 짚고
지게 지고…

금이 간 쪽박 안엔 겨떡 하나
휘어든 막대엔 휘친휘친 지친 몸
지게 위엔 배고파 우는 철부지아이

나는 그 때
그 배고파 울던 철부지아이
아들의 아들의 아들

강아

너를 보러 너를 찾아 내가 왔다
못 박힌 듯 묵묵히 네 기슭에 섰다

설움의 강 ― 두만강!
너를 한번 건너오기는 쉬워도
다시 건너가기는 쉽지 않았더라

너 도도히 감도는 물결이여
너는 예나 제나 다름없으련만
묻노니, 오늘따라
무슨 한 많은 설움 실었느냐……?!

루만강

두만강 !
그것은 너의 애명이었다
너에게는 또 다른 이름이 있었다

세월을 거슬러
썩— 오래전
언제부터인가 네 이름
루만강이라 부르기 시작했더라

날마다
너를 건너오던
흰옷 입은 난민들의 서러운 눈물
그 눈물이 굴러 떨어져
해마다 넘치게 붇고 또 불어
루만강이라 불렀더라

역사의 강 — 루만강!
한겨레의 수난의 눈물의 강
루만강 루만강 루만강!

세월을 다시 거슬러
그렇게 불리우기 시작한 것
그것은, 정녕 —
어느 해, 어느 날, 어느 때부터였더냐…?

운명

때로는 간간히 속으로 흐느끼고
때로는 방울방울 눈물을 떨구고
때로는 꺼이꺼이 대성통곡하고
나는 웁니다 웁니다 웁니다

그렇게 눈물이 울음이 헤픈 나를
사내답지 대장부답지 못하다고
자꾸만 나무라고 비웃지 마십시오
대대로 타고난 운명인걸요

루만강을 건너서던
바로 그때 그 시각부터
나의 증조할아버지는
눈물이 많은 족속으로 되었습니다

증조할아버지는 그 씨눈물을
할아버지한테 물려주었습니다
할아버지는 또 그 눈물을
아버지한테 물려주었습니다

아버지는 또 그 눈물을
이 나에게 물려주었습니다

그래서 내 가슴 눈물의 바다엔
지금 소금처럼 짜디짠 눈물들이
한가득 너무 많이 출렁이고 있습니다
내 눈물의 발원지는
바로 그렇게 생겨난 것입니다

한번 생각해보십시오
그런 내가 어찌 울지 않겠습니까
울지 않자 해도 자꾸만 샘솟듯
솟구치는 용솟는 눈물을 어떡합니까
선조로부터 물려받은 유전병을
정녕 낸들 어떡합니까 어떡합니까

나는 아무래도 이제
이 나의 눈물을 부득이
아들에게 물려주어야겠습니다
아들은 또 그 씨눈물을
손자에게 물려줄 것입니다…

[시조]

바이응 외 2편

이 광 호

네모난 한옥인데 방이란 둥근 이응
이끼가 끼니 되던 순록을 먹인 시절
둥근 방 옮긴 동산에 끼리끼리 살았단다.

비니은

서운한 마음접어 허공중 띄웠을까?
구정이 낼 모렌대 택배 차 그냥 간 뒤
살다가 빈자리 두고 떠날 때랑 그럽니다.

비지읒

구름 구 귀할 귀요 비우이 위대하다.
잔손질 몇 번하고 농사짓는 소꿉놀이
비지읒 곡비 내린 땅 빚만 지고 살았네

백석 생각 외 2편

이 교 상

귀갓길 밤하늘에 당신이 떠올랐습니다 얼부푼 적막강산 둥그렇게 받아 들고 아득한 흰 바람벽*마다 절명시를 쓰네요

날마다 쓸쓸하고 날마다 또 바람 불어 사나운 어둠들이 온몸 갉아먹겠지만 당신은 인간의 적멸을 은은하게 밝히고

*백석의 詩.

春雪

해마다 3월이면
찾아오는 애인 있어요

그동안 참았던 말
흩날리듯 쏟아내고

애인이 모두 그렇듯
흔적없이 떠나는

매화보살*

내려놓고 바라보면
환한 길이 드러나지

꽃필 때 만난 사람
질 때 보이지 않아도

황사비 종일 맞으며
화엄경을 읽는 봄

*가람을 수호하는 여성 신.

[단편소설]

흉터

정 수 남

왜, 외벽까지 노란색으로 칠했을까. 옅은 청색이나 또는 분홍색, 또는 백색을 칠했으면 좋았을 것을. 행복요양원에 들어설 때마다 나는 그런 생각을 떨쳐버릴 수가 없었다. 그랬다면 적어도 지금처럼 누리끼리한 빛깔로 바래지는 않았을 것 같았다. 누리끼리한 색깔은 가뜩이나 숨만 붙어있는 늙은 환자들의 얼굴처럼 느껴져서 기운을 빼놓곤 하였다.

입구에 들어서자 데스크에 앉아 있던 사무직원이 나를 알아보고 수인사를 건넸다.

별 일 없지요?

그럼요.

내가 아무 일 없느냐고 물은 것은 이모의 상태에 관한 것으로 암호 같지만 지난 4년 동안 토요일이 되면 반복해서 묻고, 또 들어온 대답이었다. 하긴, 별일이 있을 리 없었다. 다른 환자들과 싸우지만 않았다면. 그만큼 이모는 늘 잘 먹고, 건강했다. 얼굴도 다른 환자들처럼 누리끼리하지 않았다. 하반신 마비만 아니라면 요양원에 들어와 있을 사람이 아니었다. 내가 안심했다는 투로 머리를 주억거리자 그녀가 나를 똑바로 건너다보며 뒷말을 이었다.

그런데, 어쩌지요? 갈수록 참견을 더 하시려고 들어서 큰일이에요. 같은 방에 있는 분들이 방을 옮겨달라고 해서 난처해질 때가 정말 많아요.

그녀는 이 참에 진정 좀 시켜달라는 눈빛이었다. 이어서 그녀는 이모가 앞방의 환자와 또 싸웠다는 것을 일러주었다. 장 씨 성을 가진 그 노인이요? 나는 건성으로 물으며 그녀를 쳐다보았다. 벌써 한두 번 듣는 말이 아니었다. 하지만 그것은 내가 어떻게 할 수 있는 일이 아니었다. 이모가 어디 내 말을 듣는 사람인가. 떨어져 사는 지금까지도 나를 자신의 손바닥 위에 올려놓고 좌지우지하려는 이모 아닌가. 나는 한숨을 내쉬며 돌아섰다.

행복요양원은 시내에서 한참 벗어난 곳에 있었다. 그래서 비교적 사람들의 왕래가 잦지 않아 한가한 편이고, 수용공간도 넓었으며, 주차도 수월했다. 1층은 사무실과 휴게실, 조리실이 딸린 식당, 홀, 목욕탕, 세탁실 등이 있으며, 2층과 3층은 남자환자들의 수용공간이고, 4층과 5층은 여자환자가 수용되어 있는 방들이 복도를 사이에 두고 두 줄로 잇대어 있었다. 그러나 이상스러운 것은 모두 120여명의 환자들이 수용되어 있었지만 비좁다거나 북적거린다는 느낌이 전혀 들지 않는다는 점이었다. 그런 의미에서 보면 이모의 선택은 탁월했다고 볼 수도 있었다.

하지만 내가 방문하기에는 불편한 점도 없지 않았다. '가나안김밥'에서는 많이 떨어져 있고, 또 이익은 박해도 학교 앞에 자리 잡고 있는 관계로 늘 바빠 내가 짬을 낼 수 있는 시간은 일주일에 단 한 번, 그나마도 학생들이 모두 쉬는 토요일밖에 없다는 점이었다. 그러나 그것은 몸이 지쳐 힘들고 무거워도 내가 반드시 지켜야 할 도리 가운데 하나였고, 또 이모와의 약속이었기 때문에 그날만큼은 비가 오나 눈이 오나 어김없이 찾았다. 쉬는 날인데도 쉴 수가 없었다. 그것이 벌써 4년째 이어지고 있었다.

503호실은 4인실이었다. 출입문을 밀고 들어서자마자 나는 먼저 다른 침상에 누워 있는 환자들부터 훑어보았다. 아직 바뀐 사람은 없는 것 같았다. 간혹 얼굴이 바뀌는 경우가 있는데 그런 경우는 대개 그 사이 죽음의 문턱을 넘어갔거나, 아니면 사무직원의 말처럼 이모의 등살에 못 견뎌 방을 옮겼기 때문이었다.

왜, 이제 와? 난 새벽부터 기다렸구마는.

이모의 말투에는 원망이 묻어 있었다. 그 말끝에는 토요일이니까 응당 찾아와야할 의무가 나에게 있다는 것을 은연중 내세우는 것 같기도 했다.

나는 대꾸를 미룬 채 미간을 찡그렸다. 가을철로 접어들었는데도 방안을 떠도는 지린내와 쿰쿰한 구린내는 여전했다. 환자들과 함께 방안에 착 가라앉아 있던 그 냄새는 방문객이 문을 열고 들어서면 마치 그때를 기다렸다는 듯 달려들곤 하였다. 그 바람에 찾는 사람들은 좋은 마음으로 왔다가도 자신도 모르게 얼굴을 찡그리게 되었다. 그러나 그 방에 누워 있는 환자들은 그와 같은 냄새를 전혀 모르는 것 같았다. 늙으면 코도 따라 늙는가. 거기에 벽까지 누런 빛깔이라니…….

이모의 얼굴은 지난주보다 더 좋아진 듯했다. 머리카락이 하얗게 세었고, 광대뼈가 툭 불거진 얼굴에는 굵은 주름이 지도를 그리고 있었지만, 눈빛만큼은 아직도 60대 못지않게 또렷했다. 누가 봐도 팔십이 넘은 노인이라고는 보기 어려울 정도였다.

지난주보다 살이 좀 찐 것 같은데?

살은, 무슨. 죽지 못해 사는데…….

죽지 못해 산다면서도 이모는 어느새 내가 풀어놓은 김밥을 입에 넣고 오물오물 씹기 시작했다. 틀니를 잃어버린 뒤 잇몸으로 식사를 하는데도 불편하지 않은 모양이었다. 나무젓가락을 쥐어주었으나 고개를 가로 젓고는 옛날처럼 오른손 엄지와 검지로 중간부분부터 집어 입에 털어 넣었다. 굳은살이 박인 뭉툭한 손가락마디는 하얗게 빛이 바래 있었으나 아직 굵고 튼실했다. 젊었을 때처럼 지금 당장이라도 한번에 갈치나 고등어 상자 여남은 개는 거뜬히 들어 옮길 수 있을 것 같았다. 본디 요양원의 환자들은 외부의 음식을 먹지 못하도록 규율로 금하고 있었다. 환자의 관리와 보호 차원이었다. 그러나 이모는 예외였다. 비록 휠체어를 타고 있지만 화장실을 자의로 드나들 수 있다는 것은 그만큼 자유를 누릴 권리도 있었다.

물 한 모금 마시지 않고 김밥 두 줄을 다 씹어 삼킨 이모가 이윽고 내 얼굴을 찬찬히 쳐다보았다. 나는 그 눈빛에서 이모가 무엇을 말하려고 하는지 금방 알 수 있었다. 또 시작되었다는 것을 감지한 나는 손사래를 쳤다.

없었어?

없었어.

이모의 첫 물음은 언제나 똑같았다. 그리고 내 대답 역시 늘 똑같았다.

어디로 갔을까?

글쎄…….

나는 뒷말을 얼버무렸다.

이모가 묻는 것은 혹시라도 일주일 사이에 그 아이의 소식이 없었느냐는 것이었다. 그러나 그건 이모가 모르고 하는 소리였다. 26년 전에 자취를 감춘 그 아이가 지금 설혹 살아 있다고 하더라도 어떻게 여기를 알고 찾아올 수 있겠는가. 그 사이 동네의 지형지물은 물론 주소까지 바뀌었는데……. 그 아이가 살던 1층짜리 양옥집도 3층짜리 다세대주택으로 바뀌지 않았는가. 더구나 태어날 때부터 발달 장애가 있어 지적 수준이 6세에 머물러 있던 아이가 아닌가. 내 대답이 신통치 않자 이모의 얼굴은 금세 굳어졌다. 그것도 언제나 같은 현상이었다. 나는 머리를 들어 천정을 올려다보았다. 천정 중앙에는 길게 달린 막대 형광등이 4년 전 이모와 함께 이 방에 처음 들어섰을 때와 똑같이 바랜 빛을 허옇게 쏟아내고 있었다.

사실 이모는 나한테 자신의 권리를 주장할 근거가 충분했다. 물론 그 원인 가운데 첫째는 나를 낳은 어머니에게 있다고 봐야 할 터이지만, 그것 말고도 여러 가지가 응축되어 있었다. 이모는 그 이야기를 꺼내면 머리를 가로젓곤 하지만 어쨌든 혼자 억척스레 나를 길러낸 건 결코 그냥저냥 넘어가도 될 일이 아닌 게 분명했다. 또 생선가게를 정리하고 지금의 '가나안김밥' 집을 차려준 것도 이모였다. 그뿐만이 아니었다. 그 사람과의 결별로 받은 상처 또한 이모가 곁에 있었기 때문에 버틸 수 있었다고 봐야 했다.

김밥을 쌌던 쿠킹호일을 치우고 나서 얼마 지나지 않았을 때였다. 부탁을 하지 않았는데도 요양보호사가 휠체어를 가지고 올라왔다. 나가실 거죠? 그녀는 늘 눈치가 빠르고 행동이 잽다. 토요일 아침이면 내가 나타나고, 나타나면 이모를 데리고 산책 나간다는 것을 알고 있었다. 사실 요양원에서 환자를 데리고 바깥으로 산책을 나가기 위해서는 반드시 승인을 받아야 했다. 이는 혹시라도 환자의 안전에 문제가 발생할 경우 그 책임을 지지 않기 위한 규칙이었다. 또 얼마 전에는 그와 같은 불상사가 정말 일어난 적도 있었다고 했다. 물론 방문객이 밀려

드는 토요일과 일요일엔 조금 관대한 편이기는 하지만 그래도 절차는 절차였다. 그러니까 요양보호사는 내가 신청해야 할 그 번거로운 절차를 대신 처리해 준 셈이었다.

그런데도 이모는 그녀를 싫어했다. 이유는 단지 쓸데없는 것까지 간섭한다는 것이었다. 하지만 나는 알고 있었다. 그것은 그녀가 맡은 임무였다. 아주 작은 것을 꼬투리 잡아 다른 환자들과 싸우려 할 때는 막아야 하는……. 그날도 마찬가지였다. 그녀가 등장하자 휠체어를 타기 위해 윗몸을 일으키면서도 이모는 눈살부터 찌푸렸다. 겉옷을 챙긴 내가 요양보호사와 함께 부축하여 휠체어에 앉힐 때까지도 이모는 비뚜름한 얼굴을 풀지 않았다. 요양보호사가 무릎담요로 아래를 덮어주며, 잘 다녀오라고, 말을 건넬 때에도 대꾸조차 하지 않았다.

아이가 사라진 것은 사실 내 책임이라고 해도 과언이 아니었다.

이모가 새벽시장에 나가면 그때부터 아이는 내 차지가 되다시피 하였다. 학교가 끝나면 나는 곧장 집으로 달려갔다. 아이를 돌보는 아주머니와 교대하기 위해서였다. 10살 아이가 돌봐야 하는 아기의 뒤치다꺼리란 그렇게 만만한 게 아니었다. 아주머니가 준비해놓고 갔다고는 하지만 제 때 우유를 타서 입에 물려야 했고, 기저귀를 갈아주어야 했으며, 더구나 잠투정이 심한 탓에 꼭 업어서 재워야 했다. 아기는 자신을 표현하는 방법이 오직 악을 쓰며 자지러지게 우는 것, 그것 하나밖에 없었다. 그렇다고 저녁 무렵 생선을 팔고 들어온 이모가 아기를 알뜰살뜰 보살피는 것도 아니었다. 늘 아기보다 먼저 쓰러져 코를 골기 일쑤였다. 그런 까닭에 아기가 악을 쓰며 울면 한밤중에도 그 뒤치다꺼리는 또 내가 맡을 수밖에 없었다.

나는 아기가 자라면서 다른 아이와 다르다는 것을 느꼈다. 행동도

굼떴고, 어쩌다 한마디씩 내뱉는 말도 더듬거리는 게 분명치 않았고, 누구와도 눈을 잘 맞추지 않았다. 그러나 이모는 아주머니와 내가 일러주어도 설마, 하는 얼굴이었다. 세 돌이 지나서야 겨우 알아차리고 부랴부랴 병원을 찾아갔지만 방도는 없었다. 나는 그때에야 비로소 아기가 발달장애라는 것을 알았다.

아이는 유난히 빨간 색을 좋아했다. 풍선도, 인형도, 미니자동차도, 하물며 숟가락까지도 빨간 색만을 찾았다. 다른 것을 쥐어주면 냅다 집어던지기 일쑤였다. 그래도 억지로 쥐어주면 왈칵, 발버둥을 치며 울었다.

그런 아이가 집을 나가기 시작한 것은 열 살이 되어갈 무렵부터였다. 야단을 쳐도 소용이 없었다. 잠시 한눈을 파는 사이 슬그머니 사라지곤 하였다. 그래도 처음엔 동네를 벗어나지 않아 한두 바퀴 돌면 금방 찾을 수 있었다. 그런 날이면 나는 아이를, 이모는 나를 야단쳤다. 아이의 무단가출이 빈번해지자 그만큼 내가 야단맞는 날도 늘어났다. 그러자 나는 차츰 이모에게 아이의 무단가출을 숨기게 되었다. 광욱이 오늘 집안에서 꼼짝하지 않았어? 그러옴! 그러니까 따지고 보면 그날부터 지금까지 내가 혼자 숨기고 감추고 있는 것, 그것이 결국 화근이었다고 할 수도 있었다.

아이가 사라진 것을 알게 된 이모는 실성한 사람 같았다. 생선가게도 문을 닫은 채 몇 달 동안 아이를 찾아 전국을 미친 사람처럼 돌아다녔다. 전단지를 뿌리고 다니는 것은 물론, 어디서 비슷한 아이를 봤다는 소문이라도 들리면 밥을 먹다가도 뛰쳐나갔다. 그런데 이상한 것은, 경찰 놈들은 다 무엇 하는 거냐고 악을 쓰면서도 나를 탓하지는 않았다. 아이를 잘 건사하지 못해서 그런 거라고, 자신을 책망했다. 그놈의 돈이 뭔지, 그거 때문에 아이 하나 잡았다고, 밤마다 술잔을 기울이며 가슴을 쳤다.

산책코스는 외길이었다. 요양원 뒷문을 나서면 해발 120미터의 금장산 등산로가 바로 나타나는데, 지그재그로 이어진 그 야트막한 길은 완만할 뿐만 아니라 포장까지 잘 되어 있었으며, 중간에 쉬어갈 수 있는 전망대와 원두막도 두어 군데가 있어 환자와 그 가족들이 많이 이용하곤 했다. 더구나 차량이 출입할 수 없도록 입구에 쇠말뚝을 박아 놓아 휠체어를 밀고 오르기에는 안성맞춤이었다.

산길로 접어들었으나 이모는 그때까지도 기분이 풀리지 않은 얼굴이었다. 10월이 시작되니까 하늘빛이 달라졌다고, 말을 붙였으나 가을 하늘이 그렇지 뭐, 하고는 입을 닫았다. 무슨 생각을 골똘히 하는지 올라가다가 마주친 다른 방의 환자와 그 가족이 웃으며 반갑게 인사를 건네도 고개만 까딱할 뿐 뒷말을 달지 않았다. 남자 환자가 내려오며 아는 체 해도 눈길을 주지 않았다.

산자락을 훑고 내려오는 바람소리와 새소리는 맑고 깨끗하고 서늘했다. 메주가 뜰 때처럼 쿠리하고, 칙칙하고, 누리끼리한 요양원의 냄새는 느낄 수가 없었다. 휠체어에 앉아 말없이 산길을 오르던 이모가 입을 연 것은 잡초가 우거진 무덤 옆을 지날 때였다. 옆으로 비스듬히 기울어진 비석이 있는 탓에 무덤이라는 것을 겨우 알게 하는 그곳에서 잠시 멈칫거리던 우리는 때마침 산책을 마치고 내려오던 506호 환자와 맞닥뜨렸다. 그녀의 휠체어를 붙잡고 있는 안경 낀 남자는 아들인 듯했다. 우리를 발견한 그녀가 남자에게 뭐라고 말을 건네자 남자가 곧바로 이모에게 머리를 숙여 인사했다. 506호 환자는 나도 익히 알고 있는 환자였다. 장 씨 성을 가진 그 환자는 이모처럼 척추를 다쳐 휠체어를 타는 신세지만 이모와는 처지가 달랐다. 슬하의 6남매가 모두 다 잘 풀렸다는 그녀는 그래서 그런지 늘 입만 열면 자식자랑하기 바빴다. 그래서 행복요양원에 수용된 환자는 물론 복지사, 영양사, 요양보호사들까지도 다 그녀를 부러워했다. 이모도 마찬가지였다. 그 소리를 들을 적마다 눈을 치뜨고는 누군 하나밖에 없는 새끼가 집을 나가서 죽었는지 살았는지 모르는 판국인데, 투덜거리면서도 부러워하는 얼굴빛이었다. 싸움의 빌미가 되는 것도 늘 그것 때문이었다.

일찍 올라가셨던가 봐요?

내가 맞받아 인사를 건네자 그녀는 턱을 바짝 치켜들고 머리를 천천히 주억거렸다. 나를 내려다보는 그녀의 눈빛이 차갑게 느껴졌다. 휠체어 손잡이에서 손을 뺀 남자가 이모와 나를 건너다보았다. 오십대 중반쯤으로 보이는 남자는 그러나 그녀를 닮은 것 같지는 않았다. 하관이 빠르고 비쩍 마른 그녀와는 달리 퉁퉁하고 너부죽한 얼굴을 하고 있었다. 남자를 훔쳐보던 나는 나도 모르게 문득 그 사람을 떠올렸다. 그 사람도 남자처럼 얼굴이 너부죽했다. 그래서 웃을 때는 얼굴이 더 커 보이지 않았는가. 안경을 끼고 있는 것까지도 비슷했다. 살면서 입은 상처는 시간이 지나도 원상으로 회복되지 않는 게 더러 있는 것 같았다. 그 사람이 그랬다. 이젠 다 지워졌다 생각했는데 아니었다. 이따금씩 비슷하게 생긴 사람을 만나면 불현듯 다시 떠오르는 것을 보면 아직도 내 가슴속 어딘가에 그 잔영이 숨어있는 게 분명했다.

이모는 남자에게 눈길조차 주지 않은 채 그녀를 찌를 듯 쏘아보고 있었다. 마침 잘 만났다, 하는 얼굴이었다.

저 사람이 당신 늘 자랑하던 그 아들이야?

그래, 내 둘째아들…….

재벌 사위라는 아들?

아니, 그 아들은 셋째지!

그럼, 아파트를 여러 채 지어서 돈을 자루에 쓸어 담는다는 아들?

나는 이모의 눈에서 갑자기 빛이 쏟아져 나오는 것을 목격할 수 있었다.

그녀는 계면쩍은 듯 뒤에 서있는 남자를 잠시 돌아보았다.

맞구먼, 그렇지?

시간을 주지 않고 이모는 따지듯 재우쳐 물었다.

그녀는 금방 대답을 하지 못했다. 난감한 표정을 지었다. 이모의 가시 돋친 말투가 무엇을 의미하는지 비로소 깨달은 듯했다. 남자도 심상찮다고 생각한 모양이었다. 미간을 찡그리며 가로막고 나섰다. 한 요양원에 계시면서 어쩜 말씀을 그렇게 싸울 듯이 하세요? 뭐 우리 어머님이 잘못한 게 있나요? 그러나 이모는 물러서지 않았다. 그 뒤를 이어서 이번엔 남자를 공격했다. 얼마나 버는데 그렇게 자랑을 하느냐, 자식이 넷이라던데 맞느냐, 사는 데가 강남 어디가 맞느냐는 등, 마치 형사가 취조하듯 꼬치꼬치 캐물었다. 그렇게 십여 분이 넘도록 이모는 두 사람을 붙잡고 일방적으로 질문을 퍼부었다. 결국 그녀가 울상이 되고, 남자가 숨을 가쁘게 내쉬는 것을 보고 나서야 돌아섰다.

이젠 되었어요. 당신 어머니가 입만 열면 하도 자랑을 해대기에 내가 정말 그런가 한 번 물어본 거니까 오해는 하지 말아요.

이모는 나를 재촉했다. 나는 두 사람에게 인사할 겨를도 없이 급히 휠체어 손잡이를 다시 잡았다. 쌈패야. 옛날에 시장바닥에서 생선장수를 했던 할망군데, 요양원에서는 아주 유명해. 누구도 못 말려. 그녀가 남자에게 하는 말이 등 뒤로 들렸으나 다행히 이모는 듣지 못한 듯했다.

이모의 기분이 풀린 것은 그때부터였다. 싸가지 없이, 자랑은 염병할……. 속이 다 시원하네. 그렇지 않아도 그 가족을 만나면 내가 한

번 개망신을 줘야겠다고 별렀는데, 오늘이 바로 그날이네! 이모는 전망대로 가는 동안 줄곧 혼자 피식피식 웃으며 중얼거렸다.

내색은 하지 않았지만 나는 이모로부터 들어 요양원에 수용되어 있는 환자들의 살아온 삶 대부분이 결코 범상치 않다는 것을 알고 있었다. 그 가운데에는 일평생 농사만 짓다가 퇴행성관절염으로 거동이 불편해지니까 자식들이 버리듯 갖다 맡긴 경우도 있으며, 또 치매 초기 증상이 있는 어떤 이는 남편의 바람기 때문에 일평생 마음고생하며 살다가 결국은 비가 새는 지붕을 고치겠다고 올라갔다가 떨어져 들어왔고, 또 평생 고생하여 일군 땅을 사업을 한다는 아들이 들어먹는 바람에 알거지가 되어 길거리에 나앉았다가 풍을 맞아 반신불수가 되어 들어온 사람도 있었다. 남자들은 뇌출혈 후유증으로 들어온 환자들이 대부분이었으며, 그 중에는 또 알코올 중독으로 인해 치매 증상을 보이는 환자도 더러 끼어 있었다. 아무튼 대부분의 환자들은 타의에 의해 수용되었다고 봐야 했다. 가족들이 반강제로 떠맡기는 통에 어쩔 수 없이 들어온 경우도 여럿 있었다. 이모와는 달랐다. 비록 활어차 꼭대기에 올라가 생선을 내리다가 떨어져 하반신이 마비되었지만 이모는 스스로 생선가게를 정리했고, 자기가 수소문해 장애인등급을 받았고, 자기 발로 행복요양원을 선택한 사람이었다. 내가 울면서 혼자 어떻게 살아가라고 그러느냐고 만류했으나 소용이 없었다. 오히려 이모는 나를 다독거리며 김밥집이나 잘 운영하라고 했다. 그래야 요양원에 다달이 60만원씩 입금시켜 줄 것 아니냐며 웃었다. 사실, 6개월 동안 병원 신세를 지고 있을 때에는 퇴원 후 함께 살아야 할 앞날이 걱정되지 않은 것도 아니었다. 그렇게 보면 이모는 나의 부담을 스스로 덜어준 사람이기도 했다.

산자락을 타고 내려오는 바람이 제법 서늘했다. 어느새 발길에는 낙

엽이 차였다. 잠시 걸음을 멈추었던 나는 다시 휠체어를 밀기 시작했다.

하긴, 이 세상에 사연 없는 사람이 어디 있을까. 그렇게 보면 나도 평탄하다고는 할 수 없었다. 태생부터가 그랬다. 나는 태어나면서부터 이모와 함께 살았다. 어머니가 억지로 떠맡긴 탓이었다. 물론 나름대로 사정이야 있었겠지만 그런 까닭에 어렸을 때 나는 이모가 내 엄마인 줄 착각할 때도 있었다.

어머니가 스스로 목숨을 끊었다는 것을 알게 된 것은 내가 초등학교에 입학할 무렵이었다. 볼펜으로 서류의 빈칸을 채워가면서 이모가 내뱉던 혼잣말을 나는 지금도 잊을 수가 없었다. 불쌍한 년, 죽기는 왜 죽어. 그게 무슨 흠이 된다고. 이 세상에는 그것보다 더 한 것도 그냥 덮고 살아가는 사람들이 쌔고 쌨는데. 지금 살아 있으면 좀 좋아, 자기 딸 학교 가는 것도 보고…….

이모는 내가 열다섯이 되었을 때에야 비로소 어머니의 죽음에 대해 말해주었다. 그것도 내가 졸라서 마지못해 입을 연 것이 아니라 술에 취해 어쩌다가 스스로 발설한 것이었다. 니 엄니는 사랑병에 걸려 죽은 거야. 그것도 아주 못된 사랑병……. 너도 이젠 초경을 치루고 나이도 열다섯이 되었으니까 사랑병이 뭔지 알 것 같아 하는 이야기인데, 사랑을 해도 절대로 니 엄니같이 지랄 맞은 사랑을 해선 안 돼, 알았지? 그러니까 그날 이모가 입을 연 것은 어머니의 죽음보다는 내가 그런 사랑을 해서는 아니 된다는 것을 가르쳐주기 위해서였다고 봐야 했다.

내가 그 고된 방직공장 시다로 다니면서도 늘 얼굴 가득 웃음꽃을 피울 수 있었던 이유가 뭔지 아니? 니 엄니 때문이었어. 그만큼 니 엄니는 똑똑하고, 착하고, 예뻤거든. 공부 잘하는 니 엄니 뒷바라지가 어쩜 그렇게 재미나든지, 그땐 정말 전쟁통에 돌아가신 부모님 생각도 나지 않더라니까…….

어머니는 그러나 이모의 그와 같은 애틋한 희망을 하루아침에 저버린 사람이었다. 이모는 중학생 가정교사로 들어간 어머니가 그 집의 큰 아들과 사랑에 빠졌다는 것을 알면서도 거기까지는 참았다고 했다. 어차피 다 큰 동생인데, 그쯤은 제가 알아서 할 것이라고 믿었다고 했다. 그러나 아니었다. 이모가 이야기하는 '못된 사랑병' 에 빠진 어머니는 나를 임신하게 되었고, 결국은 그게 빌미가 되어 그 집에서 쫓겨나고 말았다. 이모가 몇 번 찾아가 사정해 보았으나 그 집 안주인은 만나주지도 않았다고 했다. 겨우 대문 밖에서 들은 한 마디는 '어따 대고 감히 우리 집 며느리 자릴 넘봐' 하는 게 전부였다는 것이었다.

그런데 문제는 어머니였다. 그런데도 불구하고 밤마다 그 아들을 잊지 못해 눈물을 뿌렸다고 했다. 이모가 중절수술을 하자고 겁박을 줘도 소용이 없었다고 했다.

이제 알았지? 사랑병이란 건 그렇게 무서운 거야.

그런데 무슨 일일까. 이모로부터 그 말을 들으면서도 나는 신파조 삼류영화 한 편을 보았을 때처럼 아무런 감흥이 일어나지 않았다. 이모가 끝으로, 그래서 니가 태어난 거야, 했을 때에도 건성으로 머리만 까딱거렸을 뿐이었다. 지랄 맞은 연애질, 이모는 혼잣말을 몇 번씩 곱씹으며 잔을 비웠다.

그 뒤로도 나는 어머니가 그립다거나 보고 싶다고 생각한 적은 없었다. 이모와 단둘이 찍은 흑백사진을 볼 때에야 겨우 이 사람이 내 어머니였어, 할 정도였다. 물론 그것은 세상일 때문에 바빠서 그렇다고 볼 수도 있지만 그보다는 어머니의 살뜰한 정을 느낄 시간이 없었던 까닭이라고 생각했다. 그러나 이모가 이따금 내 얼굴에서 어머니가 보인다고 할 때에는 나도 모르게 깜짝 놀라곤 했다.

그런 의미에서 보자면, 이모가 이야기하는 그 '사랑병' 에서 이모는 매번 잘 빠져나온 셈이었다. 세 번째 남자와의 질퍽한 동거도 잘 마무리 했다고 할 수 있었다. 물론 그 아이가 혹처럼 붙은 것은 어쩔 수 없는 일이었지만…….

그러나 이모도 방직공장 반장이었다는 첫 번째 남자에 대해 가끔 이야기를 꺼내는 것을 보면 완전히 '사랑병' 에서 벗어난 것은 아닌 듯했다. 그 바람에 방직공장을 나오게 되었지만, 그 사람을 경실이라는 친구에게 빼앗긴 것만큼은 못내 후회스럽다는 투였다. 지금만 같아 봐라, 어림도 없지. 멱살을 잡아서라도 내가 꼭 내 사람으로 주저앉히지! 그때를 이야기할 때마다 이모는 어금니를 물고 씩씩거렸다. 그러나 두 번째 남자를 이야기할 때는 좀 달랐다. 그는 횟집 사장이었다고 하는데, 달라붙는 걸 이모가 발길로 차버렸다고 자랑했다. 돈 몇 푼 있다고 건방지게 유세를 떨기에 내가 그냥 뻥, 차버렸지! 그런 놈과 붙어서 평생 살아봤자 고생 줄에 들어설 게 빤하잖아. 이모는 몸통까지 흔들며 킬킬거렸다.

그런데 세 번째 남자는 사정이 좀 달랐다. 그 남자와 헤어지게 된 원인도 따지고 보면 내 책임이 전혀 없다고는 할 수 없었다. 나는 처음부터 그 남자가 싫었다. 활어자동차 운전기사인 그 남자 몸에서는 언제나 생선 비린내가 풍겼다. 그런 남자를 이모가 좋아하다니, 나는 그 남자와 이모가 방안에 틀어박혀 씩씩거릴 때마다 일부러 대문을 활짝 열어놓곤 하였다. 이모한테 야단을 맞았지만 그때뿐, 다음날이면 또 똑같은 행동을 반복했다.

왜 말을 안 들어? 춥잖아!

그래도 나는 막무가내였다.

그러던 어느 날이었다. 그 남자가 이모 몰래 나에게 다가와 알사탕을 쥐어주며 조그맣게 속삭였다. 너, 아저씨가 묻는 말에 솔직하게 대답해 줄 수 있어? 그럼 다음엔 이것보다 더 많이 줄 수 있는데, 어때? 나는 머리를 끄덕거렸다. 알사탕을 혀로 굴리면서 이 사람이 무슨 말을 하려나, 귀를 세웠다. 저 여자 너의 이모 아니지? 네 엄마지? 나는 그 소리가 무슨 말인지 처음엔 금방 알아듣지를 못했다. 무슨 소리지? 그러나 두 번 똑같은 말이 그의 입에서 떨어지자 비로소 그게 무슨 뜻인지 납득이 되었다. 좋은 기회였다. 나는 그 남자의 얼굴을 한참동안 올려다보았다.

왜 물어요?

맞지?

…….

나는 대답을 하지 않았다. 이럴 때는 그게 더 효과적이라는 것을 나는 이미 터득하고 있었기 때문이었다. 그는 부정도 긍정도 아닌 내 대답을 긍정으로 판단한 모양이었다. 이모를 대하는 그의 태도가 돌변하기 시작한 것은 그때부터였다.

비린내 풀풀 풍기는 그 남자를 이모는 정말 좋아한 모양이었다. 그 남자의 어디가 그렇게 좋은지는 알 수 없었지만 이모는 돌변한 그의 태도에 어찌할 바를 몰라 했다. 마음을 돌리기 위해 매달리기도 하고, 아양을 떨기도 하고, 진수성찬을 차려놓기도 하였다. 그러나 그의 마음은 좀체 돌아서지 않았다. 점점 더 외길로 빠져드는 것 같았다. 그것만 분명히 이야기해 달라니까? 쟤가 당신 아이야, 아니야? 술기운이 오르면 그는 나에게 했던 것과 똑같은 말을 이모에게 몇 번씩 되물었다. 그럴 때마다 이모는 아니라고 머리를 세게 흔들었다. 죽은 동생의 아이를 길러주는 것이라고 거듭 말했다. 그러나 그것도 한두 번이었다. 마침내 어느 날 참고 있던 이모의 성미가 폭발하고 말았다. 그날은 토요일이었다. 월드컵 축구 예선경기가 우리나라에서 벌어지는 날이었기 때문에 특별히 그날을 기억할 수 있었다. 티브이를 보고 있는데, 안방에서 이모의 금속성 소리가 느닷없이 터져 나왔다.

나가, 이 새끼야! 너 같은 놈 없다고 내가 못살 것 같아? 사람이면, 사람의 말을 들어먹어야지!

그날 집안은 온통 전쟁터 같았다. 지붕이 무너져 내릴 것 같은 고성이 터져 나왔다. 티브이를 끈 나는 얼른 방으로 들어가 숨었다. 그러나 그것은 이모의 큰 실수였다. 왜냐하면 그가 짐을 싸들고 나간 뒤에야 이모는 자신의 뱃속에 그의 씨가 들어앉아 있다는 것을 알았으니까…….

전망대에 올라서면 요양원이 마치 성냥갑처럼 조그맣게 보였다. 요양원뿐만이 아니었다. 산 위에서 보는 세상은 온통 장난감 같았다. 이모의 어깨 위로 겉옷을 둘러주고 나는 산 아래 세상을 내려다보았다. 얼마나 지났을까. 휠체어에 앉아 나처럼 산 아래를 내려다보던 이모가 갑자기 나를 돌아보며 물었다.

괜찮아?

뭘?

다.

다, 괜찮아.

나는 이모를 향해 입을 활짝 벌리고 웃었다. 이모는 늘 그런 식이었다. 나는 이모로부터 외롭지 않느냐는 말은 한 번도 들어본 적이 없었다. 기껏해야 '괜찮아'가 전부였다. 물론 그 말 속에는 '외롭지 않느냐'는 것 이상의 의미가 함축되어 있었다. 일테면 이런 것이었다. 요즘 살림살이는 어떠하며, 가게는 잘 되는지, 또 왜 결혼할 생각은 하지 않는 거냐는 등등……. 그 가운데 그날 이모가 '괜찮아?' 하고 물은 것은 '왜 결혼을 하지 않느냐'는 것에 속했다. 그것은 곧바로 이어진 이모의 뒷말이 잘 받쳐주고 있었다.

이젠 옛날 일 다 잊어버리고, 새로운 삶을 살아야 하지 않겠어?

나는 피식, 웃었다. 그렇다면 이모도 그 아이 그만 잊어버려, 하고 싶었으나 참았다.

나이가 아깝잖아, 나이가. 조금 더 지나봐라. 그땐 나, 가고 싶어요, 하고 광고를 해도 누가 오지 않아. 그러기 전에 적당한 자리 나오면 눈 딱, 감고 가.

이모의 잔소리는 요양원의 또 다른 환자 가족이 전망대에 올라오기까지 계속되었다. 그 환자는 당뇨병 후유증으로 오래 전에 발목을 절단한 여자로, 지금은 치매 초기증상까지 있다고 했다. 그래서 그런가. 가족들이 전망대 앞에 세워 주었으나 어디를 보는지 알 수 없을 정도로 시선이 흐릿했다. 이모가 아는 척해도 본체만체 했다. 그 뒤로, 또 다른 환자와 가족들이 올라오자 이모는 그만 내려가자고 했다.

벌써?

밥 먹을 때 되지 않았나?

배고파?

나는 휠체어를 돌렸다. 아직 식사할 시간은 아니었다. 더구나 조금 전 김밥 두 줄을 먹지 않았는가. 사실 조금 더 올라가면 또 다른 전망대가 있었다. 그곳은 원두막까지 설치되어 있어 잠시 평상에 앉아 숨을 돌릴 수가 있었다. 그래서 다른 때는 이모를 데리고 그곳까지 갔다가 내려오곤 하였다.

내려오는 길에 우리는 또 다른 환자를 만났다. 그녀는 유방암 수술을 한 탓에 왼쪽 가슴을 브래지어로 늘 가리고 산다는 여자였다. 저 여자는 요양보호사가 목욕을 시켜주는 걸 싫어해. 저 몸으로 혼자 하겠다고 우겨대서 애를 먹이곤 해. 나는 언젠가 이모가 한 말을 기억했다. 하지만 그녀는 휠체어 신세는 아니었다. 보행보조기를 밀고 혼자 힘들게 오르고 있었다. 내가 힘들지 않느냐고 말을 붙였으나 그녀는 가쁜 숨을 내쉴 뿐 대꾸도 하지 않은 채 앞만 보고 있었다. 하얗게 센 머리와 쪼글쪼글한 주름살, 그리고 약간 휜 허리가 여든두 살이라는 여자의 나이보다도 훨씬 더 늙어보이게 했다.

요양원에 수용되어 있는 노인들은 대부분 자신이 살던 집으로 돌아가고 싶어 했다. 그들은 요양원이 무덤으로 가기 직전의 간이역이라는 것을 인정하려 들지 않았다. 실제로 한두 달에 한 명꼴로 세상을 달리하는 것을 눈으로 목격하면서도 그랬다. 그렇게 보면 이모와는 다른 세상을 살아가는 사람들 같았다.

너, 사람이 늙으면서 주름이 왜 많이 생기는지 아니?

노화작용으로 생기는 거 아니야?

그게 아니야.

그럼?

가슴 속에 숨기고 있는 멍든 응어리들이 그때쯤 하나둘씩 밖으로 나오기 때문에 생기는 거야.

정말?

그럼 정말이지.

나는 잠자코 이모의 등을 내려다보았다. 이모가 말을 이었다.

아픔과 슬픔으로 얼룩진 흉터, 그건 좀체 지워지지 않거든. 시간이 약이라고? 누가 그래? 아니야. 나도 그런 줄 알았는데, 아니더라고.

양손바닥으로 머리를 쓸어 올리며 이모가 한숨을 길게 내쉬었다. 나는 이모가 또 그 아이를 생각하고 있다는 것을 알았다. 아니나 다를까. 이모는 잠시 뒤 나를 돌아보며 물었다.

그놈이 올해 몇 살이지?

마흔 되지 않았어?

나는 아무렇지 않은 투로 대답했다.

이모는 또 무언가 혼자 골똘히 생각하는 듯했다.

사랑이라는 칼로 베인 상처는 영원히 회복되지 않았다.

이모에게 잡혀 석 달 만에 다시 들어오긴 했지만 나도 가출한 경험이 있었다. 따지고 보면 그게 그 사람과 마지막 보낸 시간이었다. 그 뒤로 외국유학을 떠난 그 사람을 다시는 볼 수 없었으니까. 핏줄은 못 속인다면서, 이모는 난리를 떨었지만 그러나 나는 그때도 지금도 후회해본 적은 없었다.

그 사람은 유부남이었다. 나는 처음부터 그것을 알면서도 그의 접근을 거부하지 않았다. 왜 그랬는지는 나도 알 수 없었다. 이모의 말대로 그때는 정말 내가 귀신에게 홀렸는지도 모를 일이었다. 사랑을 하게 되면 눈에 콩깍지가 씌운다더니, 내가 꼭 그 짝이었다. 그 사람밖에는 세상의 남자들이 남자로 보이지 않았다. 그렇다고 결코 잘 생겼다거나 키가 크다거나, 늘씬한 것도 아니었다. 지금 생각하면 그냥 보통남자에 불과했다. 검은 뿔테 안경을 끼고, 얼굴은 너부데데하고, 걸을 때면 머리가 함께 움직이는 남자. 특징이 있다면 잘 웃는다는 것, 그것 하나뿐이었다. 그런데 웬일인지 나는 그 사람이 웃을 때마다 늘 안기고 싶은 편안함과 아늑함, 그리고 포근함을 느꼈다. 이모 하나로는 결코 채워지지 않는 헛헛한 외로움을 그가 해결해 줄 것 같았다.

고등학교를 막 졸업한 나는 당시 이모가 소개해준 '동해횟집' 이라는 제법 규모가 큰 식당에서 카운터를 맡고 있었다. 그리고 워낙 술과 친구들을 좋아하는 그 사람은 그곳의 단골손님이었다. 우리는 그렇게 만났다.

대학교 강사인 그 사람이 유부남이라는 것을 나는 그의 친구로부터 들었다. 그러나 그게 무슨 걸림돌이 된단 말인가, 사랑엔 국경도 없다는데. 카운터에 앉아 계산을 하면서 얼굴을 익힌 나는 몇 달이 지나지 않은 어느 날부터 그가 모습을 보이지 않으면 조바심이 일기 시작했다. 그러다가도 그가 불쑥, 들어서면 그렇게 기쁠 수가 없었다.

내가 처음으로 그 사람에게 내 몸을 열어 보인 곳은 어느 모텔의 구석진 방이었다. 그날 그는 술이 많이 취해 있었다. 그의 발치께 쓰러져 잠이 들었던 나는 새벽녘 그가 내 위로 몸을 포개왔을 때 거부하지 않았다. 오히려 기다렸다는 듯 그를 받아들였다. 짧고 아팠다는 것밖에는 아무 것도 기억나지 않았다. 그리고 그 짧고 아픈 기억은 정말 짧고 아프게도 일 년을 넘기지 못했다.

우리를 그토록 빨리 헤어지게 만든 장본인은 다름 아닌 이모였다. 보름여 동안 입만 열면 죽일 듯이 미친 년, 미친 년, 해대던 이모가 가출한 나를 꼼짝 못하게 잡도리해놓고는 그 사람의 아내를 찾아간 모양이었다. 무엇이 잘못 되었는가, 내가 미처 따질 겨를도 없었다. 그래도 그 사람을 잊을 수가 없어 다시 찾았을 때 이미 부부는 미국으로 유학을 떠난 뒤였다. 어쩜 그럴 수가 있지? 나는 허망했다. 원망도 했다. 하늘이 온통 노랗게 보였다. 하지만 그것도 잠시, 환하게 웃던 그 사람의 얼굴이 자꾸만 나를 못 견디게 했다.

시간이란 기억까지 함께 데리고 가지는 못했다. 이모는 잊으라고 하지만, 그리고 나도 잊으려고 했지만, 가슴속에 각인된 그 기억들은 시간이 지나도 좀체 잊히지가 않았다. 어느 날 밤에는 생시처럼 새록새록 되살아나 나를 더욱 괴롭히곤 하였다. 그럴 땐 하루에도 몇 번씩 정말 죽고 싶다는 마음이 들 때도 있었다. 그래도 나는 이를 악물고 참아냈다. 내가 그와 같은 충동을 견딜 수 있었던 것은 어머니의 전철만큼은 결코 밟지 않겠다고 이를 사려 물었기 때문이었다. 무엇보다 나는 이모가 입버릇처럼 하는, 니 엄니 핏줄을 꼭 닮았다는 말을 듣는 게 제일 싫었다.

휴게실에 들어온 나는 먼저 정수기에서 물을 뽑아 이모에게 건넸다. 휠체어에 앉아 있었으면서도 이모는 산책한 뒤에는 목이 마르다며 꼭 물을 찾았다.

몇 시 되었지?

종이컵을 받아든 이모가 식당을 기웃거렸다. 11시40분. 점심을 먹기 위해서는 아직 20여분을 더 기다려야 했다. 휴게실 앞에 자리 잡고 있는 세탁실에서 세탁기 돌아가는 소리가 시끄럽게 들렸다.

잠시 뒤 우리 뒤를 이어 산책 나갔던 환자와 그 가족들이 속속 도착했다. 502호실 환자도, 508호 환자도 휠체어를 타고 들어왔다. 남자 환자들도 가족들과 함께, 또는 혼자 들어왔다. 그들의 풀기 없는 소리가 잠시 휴게실을 어수선하게 만들었다. 그들과 인사를 나누던 이모가 갑자기 나를 돌아보았다. 이번엔 또 뭘까. 또 그 아이일까. 나는 마음이 덜컥, 내려앉았다. 아니나 다를까. 곧이어 꺼낸 이모의 뒷말에서 나는 내 예측이 빗나가지 않았다는 것을 금방 알 수 있었다.

아무리 생각해도 그놈이 크게 잘못된 것 같아. 그렇지 않다면 입때껏 왜 찾아오지 않겠어? 정신이 없는 놈이기는 하지만 그래도 핏줄이 당길 텐데…….

나는 입을 다물었다. 이모가 다시 확인하듯 물었다.

그렇지 않아?

잊어 버려.

내가 겨우 말을 뱉어내자 이모가 버럭, 소리를 질렀다.

어떻게 잊어버려. 새낀데!

요양원의 식당은 일층 중앙에 자리 잡고 있었다.

식사시간이 되면 요양원은 갑자기 활기를 띠었다. 환자는 환자대로, 직원은 직원대로 바쁘게 움직였다. 그 가운데에서도 요양보호사들은 자신이 맡은 중증 환자들에게 음식을 떠먹여주기 위해 식판을 든 채 총총걸음이 될 수밖에 없었다. 503호실 요양보호사가 식판을 들고 승강기 쪽으로 가다가 나를 발견하고는 얼굴 가득 미소를 보냈다. 나는 이모를 식당에 데려다 주고 마당으로 나왔다.

이모의 식사시간은 빨랐다. 언제나 20분이 채 걸리지 않는 시간에 그릇을 다 비우고는 가장 먼저 식당에서 나오곤 하였다. 그날도 마찬가지였다. 자판기에서 뽑은 커피를 미처 다 마시기도 전에 이모는 입맛을 다시면서 양손으로 휠체어 바퀴를 밀고 나왔다.

벌써 다 먹은 거야?

내가 긴가민가한 얼굴로 묻자 이모는 고개를 크게 끄덕거렸다.

그렇다면 내가 이모를 데리고 가는 다음 코스는 정해져 있었다. 503호실. 이모가 늘 누워 지내는 그 방으로 데리고 들어가는 게 마지막 코스인 셈이었다. 이모는 낮잠을 즐겼다. 낮잠을 자는 동안 발치에서 이모의 다리를 주물러주다가 이모가 잠이 들면 그대로 나오는 게 내 토요일 일정의 마지막 순서였다.

누리끼리한 빛깔의 503호실은 여전히 쿠리하고 텁텁한 냄새를 풍기고 있었다. 더구나 거동이 불편한 창가의 환자가 금방 식사를 마친 듯 음식 냄새까지 섞여 있었다. 방안에 들어서면서 나는 나도 모르게 또 눈살을 찌푸렸다. 천연성분의 섬유탈취제를 가져와 이불과 침대에 마구 뿌려대는 가족이 있는 것을 보면 그것은 비단 나만 그렇게 느끼는 게 아닌 모양이었다. 하지만 이모는 그 냄새에 익숙해 있는 듯했다. 자신의 침상을 찾아가면서도 아무렇지 않은 얼굴을 하고 있었다.

환자들의 식사가 끝나면 대개 오전에 방문했던 가족들은 돌아가고 그 뒤를 이어 오후 방문객이 찾아들었다. 503호실 역시 그랬다. 이모를 침상에 눕히고 얼마 지나지 않아 뇌출혈로 왼쪽 팔과 다리가 마비된 출입문 쪽의 환자 가족들이 아이를 데리고 올라왔다. 아무 것도 모르는 아이는 가족들이 눈치를 줘도 그때뿐이었다. 천방지축 돌아다니며 부산을 떨었다. 나는 아이가 불안스러웠다. 아무래도 이모한테 한 차례 된통 야단을 맞을 것만 같았다. 더구나 입에 물고 다니는 초코우유가 자꾸만 미타하게 느껴졌다.

그러나 이모는 대수롭지 않다는 얼굴이었다. 아이가 떠들어대는데도 눈을 감은 채 잠을 청하고 있었다. 그렇지만 일은 거기에서 끝나지 않았다. 내가 우려했던 대로 결국 뛰어놀던 아이가 일을 저지른 것이었다. 잠깐 사이에 초코우유가 담긴 종이컵을 이모의 침상에 떨어트린 아이는 겁이 나는지 자신의 부모한테 달려갔다. 침상은 금방 초코우유로 시커먼 지도가 그려졌다. 나는 아차, 싶었다. 이모의 얼굴부터 살폈다. 이모의 성격상 가만히 놔둘 리가 없었다. 한바탕 회오리바람이 불어 닥칠 게 분명했다. 아이의 부모는 어찌할 바를 몰라 했다. 침상을 휴지로 닦으면서 미안하다는 말을 거듭했다. 하지만 눈을 뜬 이모는 의외의 얼굴이었다. 뭐 그럴 수도 있는 것 아니냐며, 오히려 울먹이는 아이부터 달랬다.

정말 미안해요.

아, 괜찮아요. 아이들이 다 그렇지요, 뭐. 걱정하지 마세요. 이불이야 새 것으로 갈면 되지요.

이모는 아이와 아이의 부모를 향해 활짝 웃기까지 했다.

나는 가슴을 쓸어내렸다. 천만다행이 아닐 수 없었다. 그런데 웬일일까. 나는 이모의 행동이 좀체 이해되지 않았다. 분명한 것은 아니지만 나는 그 순간 이모가 아이에게서 아마 그 아이를 떠올린 것은 아닐까 생각했다.

자리를 수습한 나는 이모의 발치로 옮겨 앉았다. 이모의 다리는 휠체어를 타면서부터 많이 약해져 있었다. 생선 상자를 나르던 때처럼 굵고 단단하지가 않았다. 흐물흐물 풀어져 있었다. 이 다리로 나를 키우기 위해 억척을 떨었다니, 나는 이모의 다리를 주무를 때마다 애틋한 마음이 들었다. 오늘 고생 많았어. 이젠 그만 돌아가 쉬어. 이모가 말했다. 그러나 나는 알았다고, 건성으로 대답하고는 이모의 종아리를 무르팍 위에 올려놓았다.

아이와 그 부모가 나가고 얼마나 지났을까. 이윽고 이모의 코고는 소리가 자그맣게 들렸다. 나는 손길을 멈추고 이모의 얼굴을 자세히 들여다보았다. 모잽이로 누워서 입을 반쯤 벌리고 잠든 이모의 얼굴에도 어느새 누리끼리한 빛깔이 묻어 있었다. 그것은 다른 환자들과 다르지 않은 색깔이었다. 아니, 어쩌면 그들보다 더 진한 색깔 같기도 했다.

나는 이모가 외롭다는 말을 하는 것을 들어본 기억이 없었다. 그러나 나는 알고 있었다. 이모는 그걸 숨기고 있지만, 언제부터인가 외로움을 타고 있다는 것을……. 따져보면 다른 환자들과 싸우고, 다투고, 쓸데없이 그들의 행동거지에 간섭하려드는 것도 다 그런 연유에서 비롯된 것이라고 할 수 있었다.

비로소 토요일의 일정을 마칠 시간이 되었다는 것을 깨달은 나는 잠귀 밝은 이모가 눈치 채지 못하도록 천천히 일어섰다. 돌아갈 때는 인사가 따로 필요 없었다. 이모와 나는 늘 그래왔다. 그렇게 또 다음 토요일에 만나면 되었다. 내가 돌아설 때 다행히 이모는 깨지 않았다. 이따금 입을 오물거리는 것을 보면 무슨 꿈을 꾸고 있는 것 같았다.

요양원 입구에서 마주친 503호 담당 요양보호사가 웃으면서 일층 홀에서 곧 음악프로그램이 진행될 터인데 보고 가지 그러느냐고 했지만, 나는 머리를 가로저었다. 그것은 매달 인근에 있는 교회의 성가대가 정기적으로 찾아와 봉사하는 프로그램이었다. 찬송가와 가곡을 섞어서 부르곤 하였는데, 제법 호응이 좋은 편이었다.

몇 시간밖에 되지 않았는데 어느새 그 누리끼리한 냄새가 내 몸에 달라붙은 것 같아 나는 나도 모르게 주차장으로 향하면서 자꾸 손으로 겉옷을 털어냈다. 그래도 노인 특유의 쿰쿰한 냄새는 가시지 않는 것 같았다. 코를 톡, 쏘는 날양파 같은 냄새. 젖은 지푸라기가 썩는 것 같은 냄새. 가마솥에서 끓고 있는 닭고기 같은 냄새……. 내가 아무리 털어내도 영원히 떨어지지 않을 것 같은 그것은 결국 이모에게서 맡았던 그 냄새였다.

금장산을 훑고 내려온 바람이 자동차를 핥고 지나갔다. 바람이 불 때마다 나뭇가지에 매달려 있던 이파리들이 몇 개씩 떨어져 사방으로 흩날렸다.

어디선가 앰뷸런스 소리가 다급하게 들려왔다.

핸들을 꺾어 큰 길로 나오면서 나는 문득 요즘 가격이 많이 오른 시금치 대신 미나리를 김밥 속 재료로 사용해보는 것은 어떨까 궁리하기

시작했다. 학교 앞에 새로 문을 연 또 다른 김밥집이 자꾸만 마음에 걸렸다. ▪

노랑머리

마 선 숙

어머니 장례를 치르자마자 시장에 가서 비닐에 든 미역봉지를 사 왔다. 새로워지겠다는 의미에서 미역국이 먹고 싶었다. 나를 일으켜 세워 바꿔야 했다. 내 삶의 주인으로 거듭 나겠다는 각오이기도 하다.

나이 오십 되도록 생일이 언젠지 몰랐다. 어머니는 초등학교 입학 때야 출생신고를 했는데 음력날짜를 몰라 대충 했다며 오월이라고 얘기했다.

어머니도 아내도 주민등록상의 생일로 미역국을 끓여 준 적이 없다. 수백억 가진 자산가 아내를 둔 나를 남들은 부러워했지만 속사정은 그게 아니었다.

미역국 끓이는 건 어렵지 않았다. 미역을 충분히 불려 들기름으로 볶다 국물이 뽀얗게 우러나올 때까지 뭉근히 약한 불에 끓였다. 미역이 자연산이 아니라선지 솜씨가 없어 그런지 국이 밍밍하고 감칠 맛 없었지만 내가 나를 존중하듯 꾸역꾸역 삼켰다. 남들이 들으면 우습겠지만 미역국을 먹음으로서 이제부터 노랑머리 아들에서 해방된 것을 각인했다. 어머니가 돌아가셨기에 누구의 아들로 불려야 할 이유는 없어진 게 분명했다.

어머니가 교통사고로 숨질 때까지 순둥이라는 이름 대신 노랑머리 아들로 통했다. 아빠 모르는 사생아, 혹은 노랑머리 혹으로 불렸다. 담장이 넝쿨처럼 달라붙었던 미혼모의 자식이란 명찰을 죽을 때까지 짊어지고 갈 줄 알았는데 예기치 않은 일이 생겼다.

미끌미끌한 미역 건더기를 삼킬 때마다 만감이 교차했다. 유흥업소를 전전하다 뗄 시기를 놓쳐 할 수 없이 핏덩이를 낳고 술을 미역국처럼 마셨다는 어머니였다. 주위에서 나를 고아원에 보내랬지만 어머니도 육이오 때 부모 잃고 고아 되어 버리지는 않고 거두어줬다.

허지만 어머니는 무관심했다. 대여섯 살 때 배가 고파 어머니 일하는 술집을 기웃거리면 머리를 빨갛게 볶은 색시가 나와 안으로 데려갔다. 야. 노랑머리. 아들 왔어, 하고 안에다 큰 소리로 외치며 구석방 문을 열어주었다. 그러면 어머니는 한참만에 술 냄새를 풍기고 나타나 몇 푼 쥐어주며 남의 자식에게 하듯 어서 가라고 내쫓았다.

어머니가 일하는 술집엔 머리를 물들인 색시들이 많았다. 빨갛거나 노랗거나 파래서 검은 머리를 구경할 수 없었다. 돈 몇푼 받아 쥐고 가게를 나오면 뒤따라 머리 물들인 색시 중의 하나가 사탕을 주며 조심해 가거라, 하고 등을 두들겨줬다.

미안하구나, 내 새끼. 에미는 천벌을 받을 꺼다. 어흑. 네가 무슨 죄 있다고!

어머니는 때때로 밤늦게 나를 껴안고 울음을 터트렸지만 자는 척 눈을 뜨지 않았다.

아빠 보고 싶어요. 아빤 어디 있어요?

언젠가 어머니가 기분 좋을 때 품을 파고들며 물었다.

나도 모른다. 어느 놈인지. 알기만 하면 양육비라도 뜯어 낼 텐데 몰라. 몰라. 아 ! 이년의 팔자.

어머니는 한숨처럼 담배를 피워 물더니 치맛자락으로 코를 휭 풀었다.

다음에 태어날 땐 부잣집에 태어 나거라. 이런 에미 밑에 오지 말고.

그 후 아빠 얘길 꺼내지 않았다. 더 물어 보면 버림받을 것 같아 두려웠다. 눈치가 생기면서 풀이 죽어 지냈다. 괜스레 주눅 들어 사람을 피하고 겉돌았다. 주위에서는 나를 순둥이란 이름처럼 착하고 온화하다고들 했지만 속은 아니었다. 열등감으로 가득 차 울분이 똬리 틀고 있었다.

전문대학 졸업을 앞두고 편의점서 아르바이트 하다 군에 갔고 제대를 앞둔 어느 날 벼락같은 소식이 전해졌다. 어머니가 빗길에 차에 쳐서 병원 중환자실에 있다는 연락이었다. 믿어지지 않았다. 터무니없는 농담 같았다. 거짓말일 거라고 자문자답하며 병원으로 달려갔더니 어머니는 이미 숨을 거둔 뒤였다. 허탈했다.

어머니의 잠든 얼굴은 살아 있을 때보다 평화로웠다. 세상일에 미련이 없듯 담담했다. 집착에서 벗어난 모습이 아리면서도 위안이 되었다. 영안실은 멀리서도 머리를 물들인 여자들이 모여들어 쓸쓸하지만은 않았다. 어머니 유해를 산에 뿌릴 때까지 가족처럼 지켜 봐 주어 무사히 장례를 마칠 수 있었다.

그런데 노랑머리는 내 삶의 무엇일까?

어머니도 노랑머리였는데 아내도 노랑머리였다. 동이까지 군데군데 검은 반점이 섞였지만 머리는 노랬다. 절에 있을 때 악행을 일삼던 법상 행자도 속세에서는 노랑머리였대서 이상한 생각이 들기도 했다.

날씨가 매섭다. 바람도 혹독하다. 삼한사온이 사라졌는지 살인 추위다. 사방을 흙으로 바른 방 안은 웃풍이 심해 바람이 덜렁덜렁 가슴을 헤집어 놓았다. 책상 위의 좀팽나무가 신경 쓰였다. 겨우 잎 몇 개가 뼈처럼 달라붙어 소생할 수 있을까 싶었는데 병약한 가지를 솎아내니 회갈색 가지에 피가 돌아 기뻤다. 책을 보고 몸에 칭칭 감은 철사줄을 풀고 거름을 뿌려줬다. 햇빛을 따라 이리저리 옮겨주니 가지 배열이 우습기는 하지만 잎사귀가 실하게 올라오고 엉덩이도 토실토실하다.

분재 애호가는 아니었다. 산에서 자랄 나무들이 억지로 사육되고 길들여지는 모양새가 좋아 보이지 않았다. 그런데 이 분재는 사연이 있다. 동네 조무래기들이 노랑머리 아들이라고 놀릴 때 유일하게 역성들어줬던 석이가 선물했다. 선원인 석이는 여자를 데리고 살다 외항선을 타고 일 년 만에 돌아왔는데 여자가 전셋돈을 빼 잠적 했다며 돈을 꾸러 왔다. 어촌의 허름한 집이라도 세 들어 고기나 낚고 살겠다며 약간의 돈을 융통해 달랬다.

초등학교 저학년 운동회 때 도시락이 없어 나무밑에 앉아 있으면 슬그머니 김밥을 나눠주던 친구였다. 산에서 산딸기나 버찌 따 먹고 냇가에서 멱을 감던 짝꿍이었다.

순둥아. 너는 팔 다리가 기니 달리기 선수가 될 꺼야. 너보다 잘 달리는 애를 못 봤어.

석이는 언제나 힘이 되어 주었다.

불 끄는 소방대원이 되고 싶어.

내가 수줍게 말하면 석이는 머리를 끄덕였다.

그래. 그것도 멋있다아. 빨간 자동차 타고 윙 윙 달리고. 넌 분명 불 속에서 사람을 구해 낼 거야.

석이는 손가락을 추켜세우며 씨익 웃었다.

여보. 평생 한번이다. 그 애는 나한테 특별해. 융통해주고 싶어.

아내 눈치를 살피며 간곡히 사정했다.

돈 맡겼어? 왜 그 따위 친구에게 베풀라고 야단이야?

아내는 들은 척도 안하고 화풀이 하듯 좀팽나무를 밖에다 던져 버렸다.

내가 당신한테 부탁이라고 한 적이 없잖소? 정말 고마운 친구라 도와주고 싶어.

구차할 정도로 매달렸지만 아내는 거드름을 피웠다

분재를 가져오려면 소사나무 같이 예쁜 걸 가져오지 이게 뭐야? 못생긴 주제에 혹까지 달렸네. 쓸개에 붙은 종양처럼 재수 없게.

아내는 이마를 찌푸리며 침까지 뱉었다. 나는 분재이름이 좀팽나무인 걸 알고는 얼핏 놀라 나무에서 눈을 뗄 수가 없었다. 장모가 나에게 좀팽이라고 놀려대는 소릴 여러 번 들었지만 나무가 실제로 있는지는 몰랐다.

남잔 꽁무니에 불붙듯 뛰어 다녀야 해. 키 크고 듬직해 일 잘 할 줄 알았더니 좀팽이야. 좀팽이. 박력이라곤 없으니. 쯧 즈.

장모는 사람이 많은 데서도 면박 주는 걸 멈추지 않았다. 하루 매상이 시원치 않다거나 세금이 많이 나오면 모든 게 내 탓이라는 듯 좀팽이를 들먹였다.

나는 이십 사년 동안 재정 관리인을 하면서도 빈털터리임을 깨닫고 쓰디쓰게 웃었다. 진작 내 몫을 챙기지 못한 고지식함이 뼈저리게 후회되었다.

그런데 석이는 얼마나 급했던지 며칠 후 또 찾아 와 졸랐다.

친구라고 저런 거머리 밖에 없어? 에미가 술집 색시기로서니.

아내는 얼굴에 오이 조각을 붙이며 빈정댔다.

뭐라고?

나도 모르게 벌떡 일어났다.

아무리 작부 자식이라도 저런 친구 밖에 없냐고?

순간 둑이 무너졌다. 눈앞이 노래지며 몸이 부들부들 떨렸다. 나도 모르게 아내의 뺨을 갈겼다. 그러자 아내는 서슴없이 장식장 위에 놓인 도자기를 나를 향해 던졌다. 간발의 차이로 피하지 않았으면 나도 도자기와 함께 박살이 났을 터 였다.

어딜 감히? 주제를 몰라도 한참 몰라. 호강에 겨워서.

아내는 부하에게 호통치듯 눈을 부라리더니 문을 쾅 닫고 나갔다. 도자기 파편이 얼굴에 튀었는지 쓰라렸다. 손으로 문지르니 피가 묻어 나왔다. 튕기듯 신발을 신고 밖으로 나갔다. 장모까지 가세하면 소란스러울 게 뻔했다.

거리를 터덜터덜 걸었다. 이젠 끝이구나. 싶었다. 이미 한계점에 다다라 더 이상 버틸 여력도 없었다. 서울을 떠나고 싶었다. 늦게나마 나를 되찾아 시골에서 조용히 살고 싶었다.

그 후 가게 수입을 축내지 않고 꼬박꼬박 바치던 통장에서 얼마를 빼내어 이곳으로 내려왔다. 좀팽나무 만을 챙겨 나왔다. 아내는 내가 떠나는 것을 알면서도 내다보지 않고 주소나 적어놓고 가, 하고 남처럼 뱉었다.

연고 없는 이곳으로 오게 된 것은 오씨 때문이었다. 발품 팔고 돌아다니다 오씨를 만나 정착하게 되었다. 시외버스를 타고 어디서 내려볼까 궁리하는데 옆에 앉은 육십쯤의 남자가 말을 붙였다. 밖의 마을들을 유심히 살피는 걸 보고 짐작했는지 귀향 할 곳을 찾느냐고 물었다.

어디 마땅한 데 있을까요?

솔직히 도움을 청했다.

아들 살던 집이 비어 있다오. 한번 보실려우?

원주민들과 어울릴 자신이 없어 걱정인데…….

내가 말끝을 흐렸다.

그거야 하기 나름이죠. 서울내기라고 사람들 불러 삼겹살이나 구워 먹이면 눈 밖에 나지. 들락날락 돈 자랑 안하고 차분하게 농사지면 아무도 시비 걸지 않아요. 자기 할 나름이라우. 보아하니 인상이 착실해 보이누만.

오씨는 말을 놓기도 하면서 친절을 베풀었다. 검게 탄 얼굴이 혈색 좋고 건강해 보였다. 오씨의 말에 마음이 움직여 따라가 보니 청보리 넘실거리는 마을이 평화롭고 안온했다. 땅이 순한 것을 보니 사람들도 거칠지 않을 것 같은 예감이 들었다,

집은 낡고 헐었지만 주위 산세가 좋았다. 뒤로 야트막한 산이 병풍처럼 둘러 있고 앞에 개울이 있었다. 아랫마을과 떨어진 윗마을엔 집도 별로 없어 호젓했다. 깊은 산골이지만 도로가 나 있고 약간의 텃밭도 딸려 있어 마다 할 이유가 없었다.

아내와는 스물다섯에 만나 이십 사년을 살았다. 일곱 살 위였다. 절에 들어가 행자생활 할 때 인연이 되었다.

어머니 교통사고 합의금을 받아 서울에서 가장 먼 땅끝 마을로 내려갔다. 노랑머리 아들인 걸 아무도 모르는 지방에서 자기주도적으로 당당하고 싶었다. 그러나 사회의 벽은 높았다. 전문대 학력으로 외국어도 서틀고 전문 자격증도 없고 봉사 경험조차 없어 번번이 서류에서 낙방했다. 다행히 건설회사에서 면접 통지를 받았다.

지원 동기가 뭔가요?

몸은 뚱뚱하지만 눈매가 날카로운 면접관이 물었다

그게, 그게…….

뭐가 되고 싶은지 뭘 하고 싶은지 자신이 없어 어물어물 말끝을 흐렸다.

회사를 발전시킬 기획안이라도 있나요?

나이 지긋해 보이는 다른 면접관이 사무적으로 물었다

얼굴을 붉히며 뒷머리를 긁었다.

나가봐요

뚱뚱한 면접관이 손까지 저으면서 나가란 시늉을 해 떠밀려 나왔다. 막막했다. 별다른 스펙도 없이 취업에 나선 자신이 한심했다.

또 한 번은 제약회사 영업사원을 지원해 겨우 턱걸이 했는데 역시 면접에서 눈을 이끌지 못했다.

서울 출신이 왜 지방에서 일을 구하죠?

인상이 창백한 면접관이 다섯 명의 지원자를 앉혀놓고 물었는데 즉각 대답을 하지 못해 역시 탈락했다. 그 뒤 취직을 단념하고 대리운전을 알아보았다. 돈이 얼마 안남아 절박했다. 첫날 밤 연락을 받고 룸살롱으로 갔다. 전화한 사람은 오십대 초반쯤의 대머리였는데 만취 상태로 몸을 가누지 못했다. 술집 종업원들과 같이 뒷좌석에 밀어 넣은 후 운전을 했는데 무슨 동 아무개 아파트라고만 말하고 곯아 떨어졌다. 발음이 부정확해 계속 물어도 잠꼬대만 해 시내를 뺑뺑 돌다 다른 사람에게 넘겨주고 손을 뗐다.

다음날부터 지리를 익히려고 시내를 돌아다니는데 운동화 속으로 돌이 들어와 발밑을 굴러다녔다. 고시원 방값 낼 날짜도 다가 와 마음이 암울했다. 공사장에서 노동을 하거나 편의점 알바를 해도 살아지겠지 마음을 추스르면서도 박탈감이 밀려들었다.

다음 날 김밥을 사 먹으며 우연히 신문을 펼쳤는데 구인난에서 눈이 멈추었다. 종단에서 행자를 모집한다는 기사를 발견했다. 나이 제한

외에는 특별한 자격이 없어 반가웠다.

고등학교 일학년 여름 방학 때 템플스테이 참가 권유를 받은 적이 있었다.

순둥아, 큰 절에서 외부모 자녀 템플스테이가 있는데 참여해보지 않겠니?

갓 부임한 여교사가 부드럽게 말했다. 가정방문 때 어머니 성 쓰는 걸 알고는 매사 따스하게 배려 해주던 담임이었다.

동참비는 내가 마련해주마

담임은 등을 어루만지며 덧붙였다. 그러나 머리를 흔들었다. 낯설고 생소한 템플스테이에 남의 지원을 받으면서 참여하고 싶지 않았다. 그렇지만 그 뒤 불교가 가깝게 느껴져 기회 되면 템플스테이에 지원해 봐야지 싶기도 했다.

그 기사는 나를 구원해 줄 동아줄 같았다. 막다른 골목이었다. 받아만 준다면 매달려야 했다.

미련없이 속세를 떠났다. 충동적 출가일망정 부처님 공부로 불안에서 벗어 날 수 있다면 더 뭘 바라랴 싶었다.

동이가 갑자기 낮게 큥큥거리며 누가 왔다는 것을 알렸다. 문을 여니 오씨다. 밤을 한 소쿠리 들고 있다

올핸 밤이 풍년이라 먹어도 줄지가 않구먼. 맛 좀 보구려.

신발을 신고 밤을 받았다. 동이도 쫓아 나왔지만 시큰둥한 얼굴로 오씨를 외면했다. 자기에게 호감이 없는 것을 눈치 채고 불청객 취급이다.

날씨가 미쳤나보네. 얼려죽일 셈인가?

오씨가 투덜거리며 하늘을 보았다.

안으로 들어가시지요

아냐. 점심 먹고 마누라 병원 데리고 가야 허우. 그놈의 폐병이 잘 안 잡혀.

오씨가 폐결핵 걸린 마누라에게 잘하는 건 동네에 소문이 났다. 마누라 대신 부엌일까지 맡아 수발하고 있다.

동이는 여기 온지 얼마 안 되어 산에서 내려오다 발견했다. 시궁창에 빠져 허둥거리며 울었다. 여름철에 휴가 온 사람들이 종종 개를 버렸는데 그렇게 버려진 유기견이었다. 몰골이 처참했다. 삼사 킬로 정도의 믹스 견 숫놈이었다. 등에 검은 반점이 있지만 전체적인 노란 털이 아내의 노랑머리가 연상 돼 순간적으로 멈칫 했다. 허지만 애써 머리를 흔들며 목욕부터 시켰다. 뒷다리를 만지니까 까무러칠 듯 소릴 질러 병들어 버려진 걸 알았다. 바닥에 내려놓고 물기를 털어주는데 서지를 못하는 걸 봐 다리를 크게 다친 것 같았다. 저 개를 어떻게 해야 할지 작정이 안 서 개를 안고 오 씨네 집으로 갔다.

크면 잡아먹기라도 하지 저렇게 조그만 개를 키워 뭘 해? 낯선 개가 들어오면 부정 탄다드만.

오씨는 단박에 머리를 저었다.

그럼 이 개를 어쩌지요?

조그매도 몇 근은 나갈 테니 마누라 보양식이나 해줄까! 폐병에 보신탕이 최고여.

갑자기 녀석이 오씨 말 끝나기 전에 내 품에서 총알같이 튀어 내렸다. 아픈 녀석이 어디서 그런 힘이 났는지 뒤 돌아보지 않고 다리를 심하게 절룩이며 달아났다.

허어. 저 녀석이 말귀를 알아듣는구먼. 요물이야. 요물.

오씨가 동이 뒤를 눈으로 쫓으며 탐탁지 않아 했다.

이왕 이리 된거 한번 키워보슈. 저 녀석이 김씨를 닮긴 했어. 하관이 빠르고 눈 모양새하며.

오씨가 어깨를 툭 치며 말을 덧붙였다. 뻘줌하니 서 있다 집으로 오니 동이가 방문 앞에서 나를 기다리고 있었다. 꼬리를 치며 안심하는 얼굴로 바짓가랑이를 꼭 붙잡았다. 죽어도 안떨어 지겠다는 듯 밥풀처럼 달라붙어 눈을 맞추려고 애썼다. 딱했다. 혼란스런 가운데서도 다리가 걸려 일단 읍내 동물 병원으로 데리고 갔다.

슬개골 탈구에 심장사상충이네요

의사는 엑스레이 찍고 피를 뽑으며 정밀검사 한 후 진단결과를 알려줬다.

이빨 상태를 보니 오년 정도 됐어요. 사람 나이로 치면 사십쯤 되었습니다. 책임지고 싶지 않으면 유기견 센터로 보내면 됩니다.

그러면?

의사에게 말을 재촉했다.

공고해서 보호자가 안 나타나면 열흘 후 안락사 됩니다.

의사는 일부러 탄식하듯 무겁게 말했다.

수술비는 사정을 감안해 저렴하게 해 드릴 수 있습니다. 맡겨놓고 안 찾아가는 사람이 많아 입원 시킬 때는 결제부터 해 주셔야 하고요.

의사는 사람 좋아 보이는 웃음을 웃었지만 계산 속을 드러내었다. 결정을 못 내리고 동이를 막막하게 바라보았다. 동이는 자기를 버리지 말아달라고 끈질기게 온 몸으로 호소했다,

개 이름을 여기다 쓰세요.

간호사가 종이를 주었다. 정신이 번쩍 들었다.

버림받은 생명 또 버리는 게 못할 짓이네요. 웬만하면 좋은 일 하는 셈 치고.

의사가 옆에서 속을 꿰뚫어보듯 거들었다. 결국 망설이긴 했지만 입원을 시킬 수밖에 없었다. 이것도 내 업인가 싶어 받아들이기로 마음을 돌렸다.

녀석의 이름을 내 이름 끝자와 비슷한 동이라고 지어 수속을 마쳤다.

동이를 퇴원시키면서 동거가 시작되었다. 아이는 붙임성이 있었지만 긴장해서 편안해보이지 않았다. 녀석이 완전히 마음을 열 때까지 서서히 기다리기로 했다. 내가 하고 싶은 대로하지 않고 동이 입장에서만 배려했다. 유기견을 품는다는 것은 과거의 상처와 사연도 껴안아야 하기에 서두르지 않았다.

수술 뒤 끝이라 피를 맑게 해 준다는 북어를 불려 간식으로 먹였다. 시장에서 양배추를 사다 쪄서 닭고기와 버무려 관절 영양제를 섞어 먹이니 정성을 아는 듯 잘 먹어 뿌듯했다. 동이의 얼굴은 차츰 그늘이 걷혀갔다. 동물일지라도 나로 인해 누군가가 행복해 하는 모습을 본다는 건 뿌듯했다.

그래. 지구상에 너와 나 둘 뿐이로구나, 한 지붕 밑에서 한 마음으로 잘 살아내자.

사랑을 받는 만큼 동이는 활발하고 영리해졌다. 실수로 오줌을 지리면 걸레를 물어 와 자기 발로 닦아놓고 미안한 듯 애교를 떨었다. 산책을 하고 싶으면 벽에 걸린 줄을 꺼내선 목에 걸어달라고 보챘다, 산책다녀와선 발을 닦아 달라고 목욕탕 앞에서 흙 터는 시늉을 하기도 했다.

기특한 건 동이도 좀팽나무를 귀하게 여겼다. 방석 양말 이불을 물어뜯어도 분재를 넘어트리거나 이파리를 훼손 한 적이 없었다. 나무를 애틋하게 바라보고 있으면 저도 같이 감상하는 시늉을 해 웃음이 나왔다.

동이를 위해 담배도 끊었다. 반려견에게 해롭다는 뉴스를 본 뒤 넓은 천지 단 하나의 가족을 위해 나쁘다는 것을 할 수 없었다.

어느 날 마당 평상에서 동이를 위해 동화책을 읽어주는데 지나가던 오씨가 경운기를 끌고 가다 혀를 찼다.

상전이여. 상전. 저 녀석 팔자가 늘어졌네. 김씨가 무골호인인지는 알았지만 요새 사람 아니여.

나는 멋쩍게 머리를 긁적이다 오씨가 간 뒤 동이의 털을 빗어주었다. 빗질을 해주지 않으면 죽은 털이 날려 자기 입으로 먹고는 켁켁거려 신경 쓰였다. 얼마 전 까지 동이의 노랑머리를 빗겨 줄 때마다 아내의 노랑머리가 떠올랐다. 자연히 마음이 무거워졌지만 동이와 유대감이 깊어지면서 아내와의 기억을 떨쳐 낼 수 있었다.

겨울엔 일이 없어 동이와 놀 시간이 많아 다행이다. 집에 딸린 농지에 조금 짓는 농사지만 봄부터 가을까지는 앉아 있을 새가 없다. 뒤란 채마밭서 수확한 고추를 씨 빼서 배 가르고 가지도 열십자를 내어 줄에 널어 말려 놓았다. 고구마 쪄서 채 썰어 햇빛에 말린 것도 동이와 나눠 먹으면 훌륭한 간식이다. 나물들도 저장해 놓았고 양식도 충분하다.

오씨가 가져 온 밤이나 깔 양으로 칼을 가지고 왔다. 오늘은 날씨가 험상궂어 짧은 산책도 어렵다. 동이가 보채 늦가을에 억지로 나갔다가 활엽수에 미끄러져 고생했다. 아무리 말려도 산벚나무 상수리나무 떡갈나무 산딸나무 밑을 겁 없이 뛰어다녀 다칠까 조심스러웠다. 겨울엔 녀석이 원해도 동상 걸릴까봐 데리고 나가지 못해 미안하다.

얼마만큼 시간이 지났을까? 밤을 한 바가지 깠는데 동이가 밖을 향해 맹렬하게 짖어댔다. 의아해서 문을 열고 내다보았다. 이 혹한에 누가 온 걸까? 마당에 윤이 반들반들한 까만 벤츠가 들어서고 있다. 얼핏 승용차 멈추는 소리를 들은 것 같기도 하다. 차 안에서 누군가가 내렸다. 발끝까지 끌리는 하얀 밍크를 입고 있다. 아내다. 한 눈에 알 수 있다. 일 년 다 되도록 연락 없던 아내가 나타난 게 의아하다. 여전히 노랑머리에 짙은 화장을 하고 있다. 나보다 일곱 살 위지만 젊어보였다. 아내는 털 구두를 신고 또각또각 내 쪽으로 걸어왔다. 문을 열고 밖으로 나갔다. 아내가 걸음을 멈추자 우리 둘은 마주 보았다. 어색하다. 생면부지의 타인이 만난 듯 부자연스러웠다.

오랜만이오.

어눌하게 정적을 깼다. 아내는 대답대신 나의 아래 위를 훑어보았다.

안으로 들어갑시다.

옆으로 비켜섰다. 아내는 살짝 이마를 찌푸리며 구두를 벗었다. 동이가 계속 짖어 개장에 매 놓고 뒤따라 들어갔다. 밤 까던 것을 옆으로 밀고 담요를 내밀었다. 누가 오면 방석 대신 사용하던 것인데 동이가 물어뜯어 너덜너덜하다. 아내는 뻣뻣이 서 있다 발로 담요를 밀어내고 책상 의자에 엉덩이를 걸치고 앉았다.

꼴좋네.

아내가 장롱도 없이 어질러놓은 세간을 보더니 비웃었다.

이게 사람 사는 거야? 집을 박차고 나갔으면 보란 듯 살지 않고.

다시 비위를 긁었다. 무거운 정적이 흘렀다.

그래도 굶지는 않나보지. 미역국도 끓이고.

아내가 가스레인지 쪽을 바라보았다. 동이와 먹으려고 큰 솥에다 미역국을 끓이고 있었는데 냄새가 진하게 풍겨 나왔다. 나는 또 침묵했다. 하고 싶은 말이 산더미 같지만 쓰디쓰게 삼켰다. 더듬거리다 말 할 기회를 놓치는 게 버릇이 되었다.

생전의 장모는 찍소리 말고 엎드려 있으라 했다. 오라면 오고 가라면 가라고 말이다. 밥도 먹여주고 차도 제공했으니 더는 바라지 말라고.

장모는 경리 장부를 검사 할 때마다 심하게 닦달했다. 일일이 영수증과 대조하면서 의심스런 눈초리를 숨기지 않았다. 은행도 못 믿어 오만 원권을 집안 깊숙이 감추고 겹겹의 자물쇠를 채웠다. 고용된 운전사와 가사 도우미도 수시로 교체하고 현관 비밀번호도 누가 알새라 일주일이 멀다고 변경했다.

당신을 잘못 봤어. 엄마도 속고 나도 속았다고. 새로 들어 온 행자가 듬직하대서 몰래 봤더니 순박해보였어. 근데 이렇게 뒤통수치다니!

아내의 눈에 경멸의 빛이 떠올랐다 사라졌다. 창밖으로 시선을 돌렸다.

담 넘어 핀 꽃이라 갖고 싶었어. 잘 가르치면 충성 할줄 알았다고.

첨부터 잘못된 조합이었다. 절에 행자로 있을 때였다. 출가의 길은 험하고 멀었다. 가장 낮은 자리서 하심하고 수행하며 계를 받아야 하는데 걸림이 많았다. 잠자리에 들때까지 끊임없이 이어지는 경전공부 염불 참선 수행 울력 공양간의 일들이 신심이 나지 않고 지루했다, 같이 삭발염의 한 도반들은 불퇴전의 신념으로 정진하는데 나는 아니었다.

부처님 제자 될 결기가 없다는 건 얼마 안 되어 깨달았다. 불보살님께 백팔 배를 해도 간절한 원력이 우러나지 않고 참선 수행도 잡념만 오락가락 산란했다.

나와 같은 행자가 한 사람 더 있었다. 몇달 먼저 들어 온 상행자 법상이었다. 왼쪽 눈 밑에 흉터 자국이 있어 공양주들이 현상 붙은 사나이 같다고 쑥덕거리는 사십쯤의 건장한 체구의 남자였다. 절에서 신도들 태우는 차량을 운전하다 스님들 권유로 머릴 깎았는데 출가 전 머리를 노랗게 물들이고 문신한 사진을 보여줘 움찔했다.

법상도 나처럼 경전을 수지 독송 하면서 환희심을 내지 않았다. 졸린 눈으로 억지로 앉아 시간만 때우는 게 느껴졌다. 그런데 법상은 유독 내게 거칠었다. 속세서 유학 갖다오고 가방끈 긴 행자들한테는 잘하면서 나한테는 군림하려고 했다. 공양간 일도 힘든 일은 피하고 쉬운 일만 골라 하면서 생색은 혼자 냈다.

법상의 텃세로 곤욕 치룬적이 한두 번이 아니다. 큰스님 세숫물을 데워 놓으면 홀딱 써버리고 내몫의 과일도 어느 틈에 가져 가 버렸다 찬을 만들다 사라져 그 일까지 하느라 밥을 태워 대중공사에 붙여지고 나무 하러 가서도 빈둥빈둥 놀다 내가 해논 나무를 짊어지고 내려가 버리곤 했다.

이노옴. 행자생활 잘해야 중물이 드는 게야. 밥 태우고 가사 장삼도 안 다려놓고 무슨 수행을 하겠다는 게야.

큰스님의 노여움을 사 벌로 대웅전에서 삼천배 한적이 있는데 그것도 법상이 자기 일을 안해 놓고 나에게 뒤집어 씌워서 벌어진 사건이었다.

그 따위로 하려면 당장 걸망지고 내려 가

절 대중들 앞에서 수모 당할 때 시치미 떼고 구경하는 법상을 보면 적대감이 들었다. 이해 할 수가 없었다. 그러다가도 여대생들이 템플스테이를 오면 있는 대로 허세를 부렸다. 자신의 육체를 조복 받아 대자유의 길로 가겠다면서 진정한 수행자인 척 폼을 잡아 어이없었다. 금강경의 사구게를 들먹이며 공부가 깊은 양 호기롭게 설쳐댔다.

절 생활의 유일한 위안이 있다면 신도회장의 관심이었다, 간간히 빵이나 양말 혹은 피로회복제를 손에 쥐어주며 특별하게 대해 주었다.

잘 먹어야 견디네. 건강이 제일이여.

노보살은 나만 보면 친근하게 웃었다. 동대문시장서 포목점으로 큰돈 벌었다는 소문이었다. 노점상부터 시작해 대형빌딩을 몇 개나 사들인 거부라고 했다. 힘겨운 산중생활에서 노보살의 은근한 관심은 다소라도 위안이 되었다.

어느 날 공양간 일이 산더미인데 법상이 안보여 찾아봤더니 뒷방에 댓자로 누워 주간지를 읽고 있었다. 그날따라 일진이 안 좋았는지 말이 곱게 나가지 않았다.

야비한 인간.

자신도 모르게 침을 뱉었다.

이 새끼가 미쳤나.

그가 벌떡 일어나 멱살을 잡더니 벽에 머리를 짓찧었다. 얼얼했다. 머리가 깨지는 줄 알았다. 운동깨나 한 억센 손아귀라 적수가 되지 못했다.

한번만 더 까불어봐라.

법상이 손을 탁 탁 털더니 어깨를 으쓱이며 방문을 열고 나갔다. 수치심에 얼굴이 벌개졌다. 못나빠진 자신이 싫었다. 한사람의 인간으로 우뚝 서고 싶은데 마음대로 되는 게 없었다.

그 뒤 하산의 유혹과 싸웠다. 산문에 들어 뜻을 펼치지는 못할 망정 엎친 데 덮친 격으로 불미한 일까지 생겨 마음을 잡을 수가 없었다.

초하루였다. 법회 끝나고 신도들 점심공양 그릇들을 헹구는데 누군가가 살며시 앞에 와 섰다. 고개를 드니 신도회장이었다. 눈을 껌벅이며 따라 오라는 시늉을 했다. 노보살은 공양간 뒤의 화주보살들이 쓰는 방으로 안내했다.

이봐요. 행자. 좀 갑작스럽긴 하지만 자네를 첨부터 눈여겨 봤네.

노보살은 손을 끌어당기며 은밀히 웃었다.

내게 과년한 딸이 있는데 한 번 만나보지 않으려나. 내 딸은 이미 자네를 보고 갔다네. 그 애가 보통 까다롭지 않은데 자네한테는 마음이 동한 눈치일세.

노보살은 명함 한 장을 내밀었다.

한번 집으로 오게. 우린 결정되었으니 자네만 허락하면 되네. 굴러들어온 복을 놓치지 말고 잘 생각해보게.

노보살은 누가 알새라 속삭이듯 말하더니 의미심장한 웃음을 던지고 나갔다. 이것도 운명일까? 운명에 끌려 다니기 싫지만 운명에 꼼짝 못하는 게 내 운명일까?

며칠 후 새벽에 걸망 하나 지고 절을 내려갔다. 동이 터 오기 전 아무도 모르게 도량을 빠져 나갔다. 마음이 착잡했다. 씁쓸했지만 앞으로 어떤 일이 닥칠지 설레기도 했다.

명함에 적혀있는 신도회장 집은 쉽게 찾았다. 부촌이라고 소문난 동네였다. 대저택 앞에서 주눅이 들었지만 어깨를 펴고 벨을 눌렀다. 신도회장은 나를 보더니 그러면 그렇지, 하는 시선으로 회심의 미소를 지었다. 올 줄 알았다는 듯 머리를 크게 끄덕였다.

아내의 첫 인상은 친밀감이 들지 않았다. 꽃무늬 원피스를 입고 머리를 틀어 올렸는데 지나치게 세련된 화장이 이질적으로 느껴졌다. 머리를 노랗게 물들여 더 그런 것 같았다. 거침없이 웃을 때는 붉은 잇몸이 드러나 청순해 보이지 않았다.

장모는 다음 날부터 동대문 시장 안의 포목점으로 데려 가 회계부터 가르쳐 주었다. 영수증을 챙겨 수입 지출을 정확하게 기재하라고 군대

상사처럼 엄하게 지시했다. 일원 한 푼이라도 틀리면 맞춰 놓을 때까지 퇴근할 생각은 말라고 엄포를 놓았다.

그래도 약간의 형식을 갖추어 결혼식 없이 신혼여행을 갔다.

결혼식은 생략하고 신혼여행이나 다녀 와. 나는 시장사람들 불러 밥이나 살 테니.

장모는 크게 베푼다는 얼굴로 여행 수속을 밟아 주었다. 의아하긴 했지만 거역할 수 없어 하라는 대로 따랐다.

첫날 아내에게 끌려 나이트클럽을 갔다, 내가 춤 출줄 몰라 맥주만 마시자 아내는 답답하다는 듯 혼자 홀에 나가 춤을 추었다. 몸매가 드러나는 보라색 드레스를 입은 아내는 능란한 춤 솜씨로 시선을 모았다. 외국인 남자가 손을 내밀자 거침없이 남자의 품에 안겨 브루스를 추었다. 이어서 다른 남자들과도 계속 스텝을 돌며 놀아났다. 기교가 화려하고 원숙했다.

사람들이 빠져 나가고 술에 취한 아내를 부축해 호텔 방으로 돌아왔다.

아. 내 신랑

아내는 나의 목을 끌어안았다.

옷 벗겨줘요. 거추장스러워.

아내는 원피스를 벗어 팽개치더니 속옷을 벗겨달라고 두 팔을 벌렸다. 슈미즈를 벗기고 팬티를 내리다 흠칫 놀랐다. 왼쪽 엉덩이 피부에 검붉게 흉터 자국이 있었다. 축구공 크기로 괴사된 살이 울퉁불퉁 엉덩이를 덮고 있었다. 흉터자국은 두텁고 깊어 보여 나도 모르게 눈을 딴 데로 돌렸다.

놀라지 말아요. 화상 흔적이야. 엄마가 왜 나한테 꼼짝 못하는지 알아. 흐흐. 일급비밀이지만 말해주지. 돈 벌러 간 엄마 기다리다 펄펄 끓는 난로 물주전자를 엎었어. 엄마는 그게 미안해 여태껏 쩔쩔 매고. 피부이식을 수없이 해서 이 정도야. 남들은 엄마가 지독하다고 흉보지만 나한테는 밥이지. 밥.

아내는 주정처럼 앞뒤 가리지 않고 두서없이 뇌까렸다. 그러더니 갑자기 달려들어 성급하게 내 옷을 벗겼다. 입에서 단내가 났다. 몸이 불처럼 뜨거웠다. 여자 경험이 없는 나를 리드 해 여러 가지 체위를 가르쳤다.

당신 여태 동정이었어. 오. 신기해.

달콤한 과일을 베어 먹듯 흥분해서 나를 놀려댔다.

인생은 쾌락이야. 즐겁게 살자.

아내는 정욕이 강했다. 잠자리에선 다른 여자가 된듯 고분고분했다. 자신의 육욕을 채울 때만은 장모를 닮은 명령투의 말이 사라졌다. 여자의 우물과 남자의 돌출이 만나는 육체적 희열을 알게 되었지만 그래도 이건 아닌데 싶었다. 절정에서 까무러쳐 옷 한 조각 안 덮고 침 흘리며 자는 모습을 볼 때마다 시선을 회피했다. 흉터를 안고도 전혀 개의치 않는 당당한 아내가 다행이다 싶으면서도 씁쓸했다.

장모는 여행 다녀 온 두달 만에 허니문 베이비가 생겼다고 등을 두들겨주었다. 경이로웠다. 얼마나 그리웠던 핏줄인가!

아내는 일곱 달만에 딸을 낳았다. 그런데 칠삭둥이가 체중이 사 킬로였다. 윤곽이 아내를 빼 닮았다. 나를 닮은 데라곤 없었다. 그제야 모든 게 확연해졌다. 장모는 딸이 외간남자 아이를 임신하자 서둘러 나를 애 아빠로 만든 것이다.

커피 하겠오?

유리병에 말라붙은 커피 알갱이로 차 두 잔을 만들어 한 잔을 책상 위에 놓았다. 아내는 커피를 거들떠보지 않았다.

당신은 나와 부류가 달라. 사람은 역시 끼리끼리 어울려야해.

아내의 말이 비수가 되어 가슴을 난도질했다.

뭐야? 이 천한 것. 내 엄마에 비하면 넌 삼류 사류 오류다. 경박한 허영 덩어리.

아내에게 한번이라도 무자비하게 화살을 쏘고 싶었다. 그러나 또 말이 되어 나오지 않았다. 왜 아직도 아내를 무서워할까?

장모가 뇌졸중으로 세상 뜬 후 거래처 사람이 문상 와서 몰랐던 사실을 얘기해줬다. 나와 결혼 전 이혼 경력이 있고 그 사이에 난 아들은 시집에서 데려 갔단다. 그런데 장모 죽은 뒤 아내가 재산을 물려받자 전 남편이 이혼을 후회하고 있다면서 나보고 복 많은 놈이라고 했다.

나는 머리를 절레절레 흔들었다. 심장이 불규칙하게 뛰었다. 망치로 얻어맞은 것처럼 충격이 컸다. 딸이 내 자식 아닌 것을 알게 된 후 아내가 품을 파고 들 때마다 몸이 경직되었다. 그런데 전 남편과 숨겨 논 자식까지 있다니 배신감이 깊었다.

사윗감이 정해졌어. 상견례 마치고 식 올린 후 도장 찍어 줄테니 서울로 와요.

아내가 용건을 꺼냈다.

이십사 년 살았으니 애비 노릇 쯤은 하고 떠나야지. 당신이 애걸복걸 해도 잡을 마음이 없어. 분수 모르고 날뛰는 사람 붙잡을 마음이 눈곱만큼도 없다구.

아내는 냉랭하게 몸을 일으켰다.

이제 각자 어울리게 살아. 나는 나답게 살 테니.

아내는 한번 더 힘주어 강조하더니 문쪽으로 걸어갔다. 엉거주춤 일어나 아내 뒤를 좇아 밖으로 나갔다. 매서운 바람이 확 달려들었다. 줄에 매어있던 동이가 이를 드러내고 날카롭게 짖었다.

아내는 승용차 쪽으로 걸어갔다. 차 문을 열고 안으로 들어가 시동을 걸었다. 이쪽은 쳐다보지 않고 후진해서 마당을 빠져 나갔다. 한참을 우두커니 서 있다 나도 모르게 땅바닥에 맥없이 주저 앉았다. 동이가 곁으로 다가 와 손을 핥았다. 애처로운 눈길이다,

그래. 네 눈에 내가 가엾어보이는구나.

동이 줄을 풀러 방 안으로 데리고 들어갔다. 다시 밤을 까려고 칼을 들었으나 집중이 되지 않아 손을 벴다. 피가 뚝 뚝 흘렀다. 밴드를 붙여야 되겠다는 생각조차 떠오르지 않았다. 이율배반이었다. 끝이라고 생각했는데 막상 헤어지겠다니 왜 허탈할까? 아내의 부에 편승해 꼭두각시로 사느니 하루만이라도 사람답게 살고 싶었는데 버림받은 기분은 뭘까? 내 삶의 주인이 되려 한 건 거짓이었나? 이 미련이 뭐란 말인가? 아직도 신분상승의 헛된 욕망이 꺼지지 않았단 말인가?

냉장고에서 먹다 남은 소주를 꺼내왔다, 반 쯤 남은 액체를 입 안으로 들이부었다. 목을 타고 알코올이 찌르르 내려갔다. 오래간만에 마셨더니 금세 취기가 올랐다.

동이가 장난감 공을 가져 와 무릎에 놓았다. 놀자는 표시다. 멍하니 앉아 있으니 가슴까지 기어올라 혓바닥으로 얼굴을 핥아댔다. 걸쭉한 침이 역겹다. 귀찮아서 한 손으로 동이를 밀쳤다. 공이 구석으로 굴러갔다. 동이는 다시 공을 집어 와 무릎에 앉았다. 요지부동이다. 이기고야 말겠다는 녀석의 고집에 부아가 치밀었다.

이놈의 개새끼. 내가 파탄 난 꼴이 좋으냐? 네까짓 게 무슨 가족이라고.

감정이 사나워져서 동이를 냉큼 들어 벽 쪽으로 던졌다. 동이의 머리가 벽에 부딪쳤는지 깨갱 하고 비명 소리가 났다. 이어서 바닥으로

떨어진 녀석이 숨 죽여 나를 바라보았다. 눈이 두려움에 떨고 있다.

진정하려고 다시 칼을 들고 밤을 까기 시작했다. 손가락의 피가 알밤에 배어 밤이 시뻘게졌다. 동이는 이쪽을 노려보듯 주시하더니 갑자기 좀팽나무 분재 위로 올라갔다. 주둥이를 내밀어 이파리를 물어뜯더니 갈기갈기 씹어 뱉었다. 관심을 끌려고 하는 행동이다. 전에도 잘못을 저질러 놓아 안 놀아주면 좀팽나무 분재 위로 올라가는 시늉을 했다. 그러면 웃으면서 할 수 없이 안아 줬는데 오늘도 그러길 바라나보다. 그러나 오늘은 아니다. 숨어있던 울분이 왈칵 올라오며 숨이 거칠어졌다. 온몸 세포가 교란을 일으키듯 이성이 마비되어 왔다.

내가 우습게 보여? 나를 가지고 놀아?

서서히 몸을 일으켰다. 동이는 내 기미가 심상치 않은 걸 느꼈는지 이파리를 문채 공포로 바들바들 떨었다.

비겁하게 왜 눈치 봐. 이 새끼야. 좀 당당해 질 수 없어? 내가 비굴한 것도 싫은데 너까지 그래? 날 닮아 비굴한거야?

몽유병자처럼 한 발 두 발 동이에게 다가갔다. 잽싸게 귀를 잡아 번쩍 치켜들었다. 전신을 비틀며 우는 녀석을 움켜쥐고 가스레인지 앞에서 발을 멈췄다. 솥뚜껑을 열고 동이의 노랑머리부터 끓는 미역국 속에 집어넣었다. 이어서 몸 전체를 우그러트려 넣고는 뚜껑을 닫았다. 단발마의 괴성이 집을 흔들었다. 솥뚜껑이 들썩이자 후라이팬을 겹쳐 올려놓았다. 비명소리는 점점 잦아들었다. 어머니와 아내와 법상의 노랑머리가 동이와 뒤범벅되며 어지러웠다. 몸이 붕 떠오르며 지푸라기처럼 고꾸라졌다. 앞이 가까워졌다 멀어지며 까무룩하다. 어디론가 떠내려가는 것 같았다. 세상은 쫓아가려고 허둥거릴수록 점점 멀어져 어디로 떠밀려 가는지는 알 수 없었다. ▪

아그리피아人의 분노

박 세 환

*

혼돈은 계속되었다. 전깃줄 위에서 까치가 목청을 돋우는 일은 없다. 울울창창한 나무숲에서 들리던 매미 소리도 계절 탓인지 시류 때문인지 더는 들리지 않는다. 제때 나오지 않는 수돗물과 전기로 도시는 체증을 앓듯 끙끙거리고 있다. 수요자보단 공급자의 필요에 의해서인지, 가끔 전시용으로 보일 필요가 있다고 판단한 까닭인지 불편을 잊을 만하면 그때서야 공급이 되곤 했다. 공기 중에도 경화된 동맥처럼 묵직한 공포가 정체돼 있다. 주민들은, 어둡고 무거운 공기 속에서 어린아이가 막연히 두려움을 느끼듯 걷잡을 수 없는 공황에 갇혀 지냈다. 어디에도 속하지 못한 떠돌이 고양이처럼 도시를 어슬렁거리며 배회하다가, 검은 하늘이 한순간 번개의 날 선 두드림으로 번쩍이면 늑대를 만난 양떼처럼 기어이 혼비백산해 버렸다. 이따금 우리가 무엇을 선택하고 행동해야 하는지 각성이라도 시키려는 듯, 총성이 지축과 함께 허공을 전고戰鼓처럼 울려댔다. 벌써 석 달째다. 지루하다. 그러나 방심하고 나태할 수 없는 긴장의 행진이 지속되고 있었다.

외출하면 어렵지 않게 군인들과 마주쳤다. 그들은 야산과 들에서 먹이를 찾아 헤매는 굶주린 멧돼지처럼 예고 없이 수시로 출몰했다. 그러곤 여기저기 헤집어 놓아 주민의 가슴을 철렁 내려앉게 했다. 어제 오후에도 장갑차를 앞세운 채 주변을 경계하던 남쪽의 군인들을 봤다. 그 무리가, 사이좋은 형제처럼 나란히 자리한 시청과 정부청사 건물을 왼쪽 옆구리에 끼고 공원을 향해 총부리를 두고 전진할 때였다. 느닷없이 총성이 들렸다. 그렇게 가까이서 핏기없이 메마른 소리를 들은 건 처음이었다. 마치, 상상 속 지옥의 문을 두드리는 것만 같았다. 그 순간, 난 생각할 겨를도 없이 소리 반대편으로 곧장 달음질했다. 십여 분을 그렇게 뛰어서 허겁지겁 집안에 들어섰다. 온몸이 방금 배출된 더운 땀과 이미 식어버린 땀으로 범벅되어 물에 빠진 생쥐 꼴임을 서서히 자각하기 시작할 무렵, 그제야 거실의 소파가 눈에 들어왔다. 그리고 거기 앉아 신문을 읽던 아버지의 눈빛을 봤다. 암막 커튼으로 가려진 창문 앞에서 협탁 위 촛불 불빛과 함께 흔들리는 눈동자. 그 아래 그의 두꺼운 입술은 쉽게 열 수 없는 미궁의 출구처럼 굳게 닫혀 있었다. 입가의 미세한 떨림. 입술 끝 주름에는 침통함이 중력을 밀쳐내고 매달려 있는 것처럼 보였다.

28년 전, 남과 북으로 갈라져 있던 한반도는 냉전의 산물인 군사적 대치와 긴장 국면을 끝내고 민족의 항구적인 평화와 통일을 위한 괄목할 만한 대원칙에 합의했다. 그날, 새로 정권을 넘겨받은 남과 북의 정상은 민족의 영산 백두산에 함께 올랐다. 천지의 물을 떠선 한라산의 백록담에서 퍼온 물과 섞었다. 서로 러브샷의 모양을 하며 8천만 민족 앞에서 '민족의 새로운 시작' 을 선언하기에 이른다. 반만년 동안 외세의 침략과 간섭으로 분리와 결합을 반복한 우리 민족에게 바야흐로 결합의 시간이 온 것이다.

그리고 머지않아 휴전선을 둘러싼 민간인 통제 구역과 비무장 지대에 평화시平和市가 건설되었다. 평화의 토대를 쌓는 상징적인 의미이자, 수십 년간 떨어져서 이질적 이데올로기와 정치체제에서 살아온 남북의 주민들이 함께 통일을 준비하자는 취지였다. 결국, 통일을 위한 실험장이자 주춧돌이었던 셈이다. 남과 북의 중간에 끼어 있기에 남에서는 '중한中韓' 이라고 불렀고, 북에선 '중조선中朝鮮' 이라고 호칭했다. 이름이 기대로 가득 찬 이들에게 무슨 상관이겠는가. 수도격인 평화시에 구름처럼 사람들이 모여들었다. 그리고 머지않아 정부를 수립하기에 이른다. 통일 작업을 원활히 완수하기 위해서였다.

그 이듬해 우리 가족은 남쪽에서 문산을 지나 이곳 평화시로 이주해 왔다. 가족이라고 해봐야 아버지와 나 단둘뿐이지만 말이다.

디아스포라 행렬엔 남쪽과 북쪽에서 모두 참여했다. 그들 중엔 마르크스주의자와 사회주의자, 그리고 민족주의자들도 있었지만, 새로운 삶을 꿈꾸는 아버지와 같은 평범한 노동자들이 대부분이었다. 이주를 시작한 지 불과 4년 만에 길이 248km, 너비 약 9km의 평화시를 포함한 중한 전역의 인구는 3백만을 초과하게 됐다.

새로운 국가의 주민들은 아무래도 남에서 온 이주민이 압도적이었지만, 북에서 온 사람들과 큰 갈등과 반목 없이 융화되어 갔다. 가치관과 사상이 많은 부분에서 달랐지만, 동일한 언어와 문화를 공유한 한민족인 이유가 컸을 것이다.

주민들은 대부분 농업과 임업에 종사했다. 공업을 일구기엔 아직 기반시설이 갖추어지지 않은 까닭이었다. 생산한 물품은 남쪽으로 주로 수출하고, 대신 전기와 가스를 공급받았다. 생필품은 품질에 차이가 있긴 했지만 남과 북에서 고루 들여왔다. 관공서와 학교, 병원은 물론 치안을 유지할 자치 경찰도 창설되었다. 그런데 애초 군대는 세우지 않았다. 궁극적으로 통일을 바라보는 '평화의 도시'에 갈등과 대립의 상징인 군대를 둔다는 것은 도시 설립의 목적과 철학에 반한다는 이유였다. 남북한 양국 정부가 용인하지 않았음은 물론이다. 수도인 평화시를 위시로 주변에 소도시가 속속 건설되면서 중한(중조선)은 명실상부한 독립적 국가의 체계를 갖추어 갔다.

그런데 우리 가족이 이주해 오고 4년이 지난 시점부터 이주는 전면 금지되었다. 남북 정상이 백두산에서 만나고 5년이 흐른 뒤였다. 주민들이 대거 이탈하면서 남한은 재정이 줄어드는 부작용과 함께 집값과 임대료가 약속이나 한 듯 일제히 폭락했다. 물론, 노동력도 줄어들었다. 이 때문에 기업은 노동자의 임금을 높일 수밖에 없는 지경에 이르렀다. 바로 이때부터였을 거다.

민족의 화해 분위기라는 열풍 속에서 열세를 감지하고 잠자코 상황을 지켜보던 남한 내 야당이 드디어 자산가의 지지를 등에 업고 남한 정부의 통일정책에 맹폭을 쏟아내기 시작했다. 기득권을 지키며 신자유주의 시장의 질서를 선도했던 자산가들은 변화를 받아들일 마음이 없었던 거다. 손해 보는 장사를 하지 않는 게 장사꾼들 아닌가. 물 만난 고기처럼 보수언론과 사대주의자, 반북 세력도 동조했다. 기사회생한 야당은 그간 절치부심하며 단련했던 혀를 꼿꼿이 세우고 정부와 여당을 향해 독설을 퍼부으며 맹렬히 공격했다.

그들의 비난에 남한 정부는 처음에는 꿋꿋이 맞섰으나 얼마 버티지 못했다. 보수언론의 작업이 노골화되자 여론이 뒤집어지기 시작한 것이다. 마침 선거를 앞둔 시점이었다. 결국, 남한 정부는 '남중북한 고위 당국자 회담'을 평화시에서 갖자고 중북 양국에 제안했다.

그리고 삼국은 협의 끝에 중한으로 이민을 금지하는 데로 의견을 모았다. 이런 정세의 변화는 당시 중한 정부와 시민들의 삶에 큰 영향을 끼치지 않았다. 어차피 통일이 궁극적 목표인 걸 다들 잘 알고 있었다. 그땐 그저 과도기라고 생각했다.

건국 직후부터 중한의 주민들은 차별 없이 모두 함께 잘살 수 있는 이상적인 제도를 만드는 데 공을 들이고 있었다. 그 결과로 교육, 의료를 비롯한 사회보장제도를 강화했다. 그리고 모든 토지를 국유화했다. 황무지를 공동으로 개척하여 합동농장을 건설하고, 건설된 농장에서 주민들은 평일 여섯 시간씩 일하고 수확을 얻었다. 실물의 수확물 대신 배급표가 주어졌다. 노약자와 임산부, 청소년은 일하지 않아도 거주지 근처 등록된 농장에서 배급표를 받을 수 있었다. 배급표는 전역에 설치된 대중식당이나 대중상점에서 사용 가능했다. 임야도 같은 방식으로 개발했다.

이주하기 전 직업이나 적성과 소질에 따라 주민들은 다른 직업을 가질 수도 있었다. 이땐 직장에서 일한 시간이 농장에서 일한 시간으로 1:1로 환산되었다. 직종과 직위에 상관없이 동등한 대가를 받는 셈이었다. "동일한 노동 시간에 결코 차별을 둘 수 없다."는 마르크스주의자들과 일부 사회주의자들의 주장이 의회에서 받아들여진 결과였다. 이때가 이민자 유입이 절정으로 치달을 때였다. 다행히 건국 후 수년 만에 작물의 소출은 주민들의 수요에 근접해 있었다. 초기 혼란스러웠던 무상 교육과 의료, 공공교통도 점차 안정화 됐다. 그래도 혹시 부족한 공산품은 인도적인 지원이라는 명목하에 남과 북에서 들여올 수 있었다. 그때까지만 해도 남북 양국은 조건 없이 원조해 주고 있었다.

"부모님이 조선으로 간단다."

오늘 아침 민우는 평소와 달리 문 앞에 선 채로 말을 건넸다. 두 눈동자는 바람 앞의 촛불처럼 심하게 흔들렸다.

"너는 어떡할 건데?"

나의 물음에 그는 쭈뼛댈 뿐 묵묵부답으로 일관했다. 눈길을 의도적으로 피하는 것처럼 보였다. 한참 침묵 속에 파묻혀 있던 그는 왔던 길을 목발로 되짚으며 돌아갔다. 여태껏 본 적 없는 쓸쓸한 뒷모습이었다. 그의 쓸쓸함이 나의 가슴을 휑하게 했다. 현관문 앞에 나는 한참을 서서 그가 왔다가 돌아간 길을 물끄러미 바라볼 따름이었다.

북에서 이주해 온 민우와는 초등학교 다닐 때부터 줄곧 친구다. 열두 살 동갑내기였던 우리는 평화시 외곽에 위치한 이곳에 살면서 인근의 초등학교를 함께 다녔다. 민우를 처음 봤을 때를 생생히 기억한다. 체격이 비등한 지금과 달리 나보다 한 뼘이 작은 녀석은 말끔하고 준수한 용모였지만, 물이 빠진 마바지와 색이 바래 본래 파란색인지 하늘색인지 분간하기 어려운 얇은 점퍼를 첫눈이 내리는 날까지 입고 다녔다.

내가 반을 배정받고 보름이 지난 어느 가을날 오후에 흰 살갗 위로 버짐이 활짝 핀 녀석은, 그러나 너무도 당당하게 큰 눈알을 부라리며 우리 앞에 서 있었다. 선생님은 교단에서 녀석의 머리를 쓰다듬은 후, 비어 있던 내 옆자리를 가리켰다. 담임선생님의 손끝에서 우리 둘은 금세 친해졌다. 무뚝뚝하면서 집요한 나를 처음엔 경계하던 녀석이었지만, 얼마 지나지 않아 나를 받아들인 눈치였다. 의심이 많은 어른과 달리 철부지들은 말만 통하면 스스럼없이 다가갈 수 있는 법이니깐. 모르긴 몰라도 서로의 닮은 이름이 단단히 한몫했음이 틀림없다. 그날부터 나는 막연히 알고 있던 북한에 대해서 틈틈이 물어보며 억눌러 놓았던 호기심과 지적 허기를 해소할 수 있었다. 잘생기고 시원시원한 성격의 민우를 차츰 좋아하게 됐다.

별안간 낯선 곳으로 이주해 와서 새 친구를 사귀고 새로운 삶을 시작한 소년의 가을은 수확의 계절처럼 황금빛 꿈과 낭만으로 물들고 있었다. 비록 어렸지만, 아버지가 말한 희망을 찾아 떠나간다는 말이 무슨 뜻인지도 어렴풋이 알게 됐다.

아버지는 강직한 분이지만 아들이라고 해서 복종을 강요하지 않았다. 나의 의견을 묻고 충분히 생각하도록 배려했다. 온화한 환경에서 자란 나는 치근덕거리는 형제도 없었기에 또래와 비교해 이성을 다듬질할 시간이 많았다.

어렸을 땐 아버지를 무책임하다고 생각한 것도 사실이다. 아침부터 밤늦게까지 꼬박 인쇄소에 붙어 있다가 잉크 냄새를 폴폴 풍기며 파김치가 되어서야 귀가한 그였다. 일주일에 단 하루 아버지가 쉬는 일요일에야 개다리소반에서 마주할 수 있었다. 상큼한 들 냄새를 풍기는 찬과 따뜻한 김을 내뿜는 시래깃국 위에서도 그는 다정과는 거리가 멀었다. 무취의 무뚝뚝함이 반찬에서 풍기는 들풀 냄새보다 더 농후했다. 솔선수범의 태도를 본 기억도 없고, 하나밖에 없는 아들을 다른 부모처럼 살뜰히 챙기지도 않았다. 그땐 단지 방임하는 것처럼 느꼈다. 그래서 괜한 심술을 부리기도 했다.

"아빠, 엄마가 보고 싶어요!"

치기 어린 그 한마디의 말이 낫과 같은 서슬로 아버지의 가슴을 후려쳤음을 깨닫지 못했다. 아직은 감성이 이성보다 앞선 질풍노도의 시기였다.

그런데 일주일 후, 밥상머리에서 아버지는 어린 아들에게 느닷없이 '중학' 에 대한 이야기를 꺼냈다.

"엄마의 흔적이 곳곳에 배어 있어서 힘들지? 이곳보단 나을 거야. 너와 매일 저녁도 함께할 수 있을 테고, 무엇보다…"

어젯밤은 저녁도 거른 채 침대에 한참 누워 있었다. 민우의 체취가 밴 곳이다. 눈을 감고 코를 벌름거렸다. 그런데 평소와 달리 좀처럼 잠을 이룰 수 없었다. 공복과 억눌린 욕구 때문은 분명 아닌 듯했다. 오후의 기억이 너무도 또렷하고 생생해서 야물지 못한 나의 의식이 안식의 심연으로 들어가는 걸 내버려 두지 않았다. 창문 너머로 차갑고 무거운 공기를 가르며 잔잔히 들리는 총성도 긴장의 끈을 놓칠 수 없음을 채근하는 듯했다. 수십 분간 뒤척인 끝에 어렸을 적 읽었던 '그리스로마신화'를 떠올렸다. 곧, 삼단 책꽂이 맨 위 가장자리에 쓰러져 있던 녹슨 철제 촛대를 책상 위에 세웠다. 그리고 서랍에서 성냥을 찾아서 불꽃을 올렸다. 불꽃이 시들지 않는 것을 확인하고서야, 책꽂이 이 층에 꽂혀 있던 책을 빼 들었다. 그렇게 동심을 추억하며 현실에서 멀어지려고 노력했다. 페이지를 넘길 때마다 잇따른 대여섯 번의 총성에 한 번의 둔중한 포성이 이어지고 있었다. 노력은 무용한 것인가. 소리가 점점 귓전 가까이서 들리는 듯했다. 그런데 이게 웬일일까. 언제부터인지 전혀 긴장이 되지 않았다. 동년童年 어느 날 모친의 손에 이끌려 찾았던 산사에서 듣던 청아한 목탁 소리가 어디선가 들려오고 있었다. 평화의 소리는 맞은편 아그리피아인의 손에서부터 들려오는 것이었다. 기억 속 산사의 소리가 의식의 한복판을 가르며 다가왔다. 그리고 찾아온 건 뜻밖에도 평온함이었다. 포근한 공기를 덮고 있는 나에게 침대 위 또 다른 나의 혼란과 공포는 하찮은 일처럼 여겨졌다. 수도승처럼 안온함에 파묻혀 신화 속 아그리피아인과 선문답하던 그때,

"민기야, 큰일 났다!"

잔뜩 흥분한 목소리와 함께 아버지가 벌컥 방문을 열고 들어왔다.

"시내에서 교전이 발생했단다!"

오후 북측의 공격이 있고 난 뒤, 남쪽 국경에 있던 남한의 1개 사단

병력이 어둠을 틈타 평화시로 진입하여 북한의 군인들과 시가전이 발생했다는 설명이었다. 석 달간 공중을 향해 엄포만 놓던 것이 확전된 것이다. 부친의 다급한 말 뒤로, 그의 눈 밑으로 모습을 드러낸 검은 그림자가 방안을 가로질러 내게로 길게 드리워지고 있었다.

“사상자가 꽤 될거야. 여기도 더는 안전하지 못해. 어쩌다 이렇게….”

나는 바로 책을 덮고 집 밖으로 나갔다. 이웃들은 혼비백산해 신념을 잃은 구도자처럼 허둥거렸다. 서로 안부를 물으며 눈물짓기도 했다. 여인들은 추위 때문인지 공포 때문인지 단언할 수 없지만, 가녀린 몸을 바들바들 떨며 북서쪽 하늘 위로 올라온 불꽃을 망연히 바라봤다. 몇몇은 악마의 혓바닥처럼 붉게 올라온 그것을 지워 보려는 듯 손끝을 허공에 대고 문지르기도 했다. 그 장면이 내 가슴을 후벼팠다.

그들의 가냘픈 손가락이 미처 가리지 못한 검은 하늘에서 섬광이 번쩍일 때마다, 딱 한 번이지만 아버지, 어머니의 손을 양쪽으로 꼭 붙잡고 공원에서 봤던 불꽃놀이의 추억이 떠오른 건 무슨 까닭인지.

하지만 따뜻한 기억의 공간에 더는 포근함은 없었다. 대신 밀물처럼 가득 들어온 건 장탄식과 냉랭한 공기의 생생한 감촉뿐이었다. 흠칫 놀라서 고개를 치켜들자, 눈앞에 펼쳐진 시내 풍경에는 샛노란 화염이 봄날 꽃잎처럼 넘실거리고 있었다. 엉뚱한 상상을 한 자신에게 분노가 치밀어 자책할 때였다.

시야 밖에서 인기척을 느꼈다. 곧, 동쪽 이웃 마을과 경계에 세워진 전봇대 밑동으로 시선을 옮겼다. 목발을 짚은 채 낯선 사내 세 명과 어울려 서 있는 민우가 눈에 들어왔다. 무언가 긴요한 대화를 나누는지 그는 소란에 전혀 개의치 않는 듯했다. 포성과 함께 순간 밝아진 하늘 아래로 비친 그의 얼굴은 비현실적으로 태연해 보이기까지 했다.

3년 전 대선에서 남한의 대통령은 야당 출신이 차지했다. 5년 전 총선도 야당의 승리였다. 경제적으로 여유가 있는 남한이 중한과 북한에 퍼주는 것은 낭비이자 독화살이 되어 돌아올 거라는 선거 전략이 주효했다.

고임금 시대를 맞아 자산가는 지출을 줄이기를 원했고, 자연스레 공장은 국외로 옮겨갔다. 국내에 남은 공장은 저임금 외국인 노동자가 채웠다. 외국인이 늘자 그들 범죄가 가시적으로 눈에 띄었다. 아전인수식 정치 맹공이 이어졌다. 외국인 범죄가 증가하고 내국인 실업률이 고공행진 하는 것은 그간 여당과 정부가 국민을 중한으로 대거 이탈시킨 인과응보라는 야당 후보의 공격이 이어졌고, 응답하듯 밑바닥 민심은 동요했다. 단순 육체노동 등 저임금 일자리를 외국인 노동자에게 빼앗긴 저소득층은 야당 후보의 혓바닥 위에서 춤을 췄다. 그리고 누구보다 열심히 광장에 나가서 태극기를 흔들어댔다. 중한은 빨갱이 소굴이 됐다며, 반미 성향의 정부를 이제 몰아내고 다시 미군을 부르자는 목소리가 커졌다. 곧 태극기보다 훨씬 큰 대형 성조기가 등장했다. 그해 겨울, 성조기가 조선반도의 창공을 뒤덮어 버렸다.

새 모자를 쓴 남한 정부는 곧장 내부 단속을 하기 시작했다. 그리고 2년이 지나자 중한 정부에 회담을 제안해 왔다. 회담의 내용은 곧장 활자화됐다. "남한 정부, 중한 정부의 해체와 귀속 요구"가 회담 다음날 큰 제목으로 신문 1면을 장식했다.

기사의 내용을 본 중한 주민들은 내부로부터 휘청거렸다. 통일을 위해 착실히 계단을 밟고 올라가면 결국 세 개의 정부가 하나로 통합되리라 알고 있었는데, 이처럼 일방적인 강요로 정부가 송두리째 사라지고 남한과 합병하는 건 예상하지 못한 귀결이었다. 누구보다도 북 출신 이주민들의 충격이 컸다. 짧지 않은 사반세기 동안 터전을 닦고 만족스러운 정착 생활을 영위하던 차제에 연고도 없는 남으로 귀속하라는 요구는 뜬금없었다. 시련과 고통이 기다리는 열사의 벌판으로 내모는 강박과 다름없었다. 당위성도 부족하다고 생각했다. 머지않아 중한 전역에서 들불처럼 시민들이 들고일어났다.

수년 전 은퇴 후로 마르크스주의 운동에 경도돼 있던 아버지도 그 불길에 힘을 보탰다. 그날 신문 기사를 읽고 난 부친의 상심은 커 보였다. 어머니의 죽음 이후로 그처럼 슬픔과 비탄에 젖은 모습은 처음이었다. 다음 날, 아버지는 직접 만든 피켓을 손에 들고 광장으로 나갔다. 그 후로도 외출은 습관처럼 매일 반복됐다. 다른 손에는 흰색 천에 빨간 한반도가 그려진 깃발을 들고서 말이다.

겨울 거리 곳곳에는 통일을 염원하는 시민들이 손수 제작한 현수막과 그림이 걸려서 단조로울 수 있는 동절기의 회색 풍경을 활기차고 다채롭게 꾸몄다. 시내에 나가면 삼삼오오 모인 시민들이 노래를 부르거나 소규모로 집회를 열고 남한 정부를 성토하는 장면을 어렵지 않게 볼 수 있었다. 퇴근길에 나도 몇 번 참석한 기억이 있다. 폴폴 잉크 냄새를 풍기는 웃옷을 마른 손바닥으로 털며 걷는 길이 추억 속 어머니의 손을 잡고 찾던 산사의 샛길처럼 느껴졌다. 그래서 가슴 설랬다. 이제야 고백하지만, 광장을 가는 목적이 아버지와 꼭 같지는 않았다. 부친도 벌써 나의 의중을 간파한 모양이었다. 단 한 번도 함께 가자는 말은 꺼내지 않았다.

중한 주민들의 그러한 노력 덕분이었을까. 계절이 두 번 바뀔 때쯤 북측에서도 중한 정부에 회담을 제안해 왔다.

그날 밤 기쁨에 젖어 민우는 나를 찾아왔다. 북한 대표단의 환영식을 준비한다고 들뜬 목소리로 말했다. 회담 당일에는 연구소에도 나가지 않았다.

아버지로부터 기술을 전수傳受하여 인쇄소에서 일하는 나와 달리, 녀석은 초등학생 때 교단에 서서 밝혔던 장래 희망대로 시 근교 농업식량연구소에서 일했다. 정부의 시책처럼 계획한 만큼 생산하는 것, 곧 낭비하지 않고 결핍도 없이 최적으로 수확해서 굶는 사람이 없는 건강한 통일 조국을 만들고 싶다는 꿈을 이루기 위해서였다. 그의 꿈은 현실에서 차츰 실현되고 있는 듯 보였다.

회담 이틀 전 저녁에도 녀석은 한껏 들떠 있었다. 내 방 침대에 걸터앉아선, 북쪽 인사들을 대대적으로 환영해야 한다고 목소리에 힘을 주었다.

"양키 꼭두각시 남한 정부를 배격해야 해. 우리 의지를 분명히 알려야 한다. 민기야, 너도 함께 가지 않을래?"

그의 북쪽 억양이 움츠러든 내 신경을 자극했다. 하지만 난 선불리 응답하지 못했다. 내겐 민우와 같은 동기가 결핍되어 있었는지 모른다.

이틀 후 민우는 내게 호언豪言했던 것처럼 환영식장에 나갔다. 그런데… 그 길로 지금의 비극이 시작되고 말았다.

북측의 차량이 정부청사 앞에 도착한 후 대표들이 카펫을 밟고 환영인파를 향해 인사하는 순간이었다. 흡사 천지를 울리는 천둥소리 같은 굉음과 함께 밭에 심어놓은 수수가 강풍에 쓰러지듯 사람들이 '픽' 하고 쓰러졌다. 변변한 장비도 없고 공격 대응 매뉴얼도 없던 중한 경찰은 속수무책이었다. 채 1분도 안 되는 시간 모든 게 끝나버렸다. 지독한 화약 냄새와 피비린내를 광장에 남긴 채, 복면한 범인들은 공원을 가로질러 유유히 사라졌다.

조금 전 불을 뿜는 총구를 마주했던 대표단과 정부 인사, 시민들은 도미노 블록처럼 고꾸라져 있었다. 북쪽 대표 5명 중 4명이 사망하고, 중한 정부 인사 7명과 시민 13명이 죽고 25명이 부상했다. 언론은 석간을 통해 당시 현장을 묘사하듯 상세히 기술했다. 테러범들은 아마 남쪽에서 보낸 특공대일 거라고 추측하기도 했다.

한창 일하던 나는 연락을 받자마자 정신이 나간 사람처럼 국립병원으로 곧장 뛰어갔다. 출입구 복도 한쪽에서 붕대를 감은 채 앉아 있는 민우의 모습을 보자 제정신이 돌아왔다. 그것도 잠깐이었다. 곧 억장이 무너져 내렸다. 하얀 붕대는 빨간색으로 흥건히 젖어 핏물이 새어 나왔다. 그의 오른쪽 다리는 그동안 해오던 역할을 이제 목발에 떠넘길 준비를 하고 있었다.

"난 괜찮아. 많이 놀랐니?"

녀석은 역시 비범했다. 분명 고통스러울 텐데도 내가 곁에 있어서인지 평소의 의연함을 잃지 않았다. 오히려 두 눈에 잔뜩 힘을 주고 나를 빤히 쳐다봤다. 두 눈의 흰자위는 금방 터질 것처럼 붉은 실핏줄이 점점 팽창하고 있었다.

"꼭 복수할 거야! 박살 내버릴 거다!"

고향을 떠나온 지 어언 27년이 지났지만, 내겐 여전히 미련이 남아 있었다. 어머니와의 추억이 고스란히 남아 있는 남한이었다. 점점 작아지는 기억의 불씨를 꺼버릴 용기가 없었다. 그럴 자격이 있는지도 의심스러웠다. 그곳은 분명 추억 속 애상의 땅이자, 누가 뭐래도 부정할 수 없는 나의 모국이었다.

테러 직후, 북한은 즉각 반응했다. 남한의 도발이라고 주장하며, 그동안 호지부지 이루어지던 모든 협력도 중단을 선언했다. 민우가 내게 장담했던 것처럼 보복을 다짐했다. 이에 질새라 남한은 북한의 자작극을 주장했다. 한발 더 나아가 민간에서 이루어지던 교류까지 전면 금지하고 나섰다.

그러자 고래 싸움에 새우등 터지듯, 불똥은 애꿎게도 중한으로 튀고 말았다. 남한은 중한에 위협적인 언사를 써가며 재차 조속한 귀속을 요구했다. 그리고 3개월의 카운트다운이 시작됐다. 3개월 안에 정부를 해산하고 조건 없이 남한으로 귀속하라는 최후통첩이었다. 그렇지 않으면 무력으로 병합해 버리겠다는 협박도 잊지 않았다. 이에 중한 정부보다 더 발끈한 쪽은 북한 정부였다. "중한의 정체성은 북과 남 어느 일방에 속하지 않는다."라고 강변하며 맞섰다. 그러곤 곧장 군대를 북쪽 국경 안쪽에 진주시켰다. 이에 질새라 남한도 군대를 남쪽 국경 안쪽으로 황급히 이동시켰다. 미군 부대도 근처로 이동하고 있다는 소문이 나돌았다. 남과 북이 갈등하면서 중한은 그들의 직접적 마찰을 막는 완충지이자, 양국의 군대가 불시로 정찰하고 대립하는 일촉즉발의 화약고로 전락해 버린 셈이다. 그동안 노력은 수포가 되었다. 한순간 28년 전으로 회귀하고 만 것이다.

교전은 새벽까지 이어졌다. 나는 거의 뜬눈으로 밤을 지새웠다. 새벽에 잠깐 눈을 붙였을 뿐이다. 그러다 오전 내내, 아침에 민우가 한 말이 걸려 줄곧 방안에서 번뇌했다.

그리고 점심때였다. 마을 어귀의 대중식당으로 가기 위해 내 방에서 1층으로 내려가던 참이었다. 아버지는 소파에 앉아서 계단을 밟고 내려오는 나를 힐끔 올려다봤다. 곧 흔들리는 눈동자 아래 입가로 두 손을 가져가 흐트러진 수염을 훑었다. 암막 커튼은 양옆으로 젖혀져서 마치 밖에서 안으로 쏟아지는 빛줄기를 양손에 받쳐 들고 있는 것처럼 보였다.

"얘야, 식당에 가려고 하니? 이제 그럴 필요 없단다. 식당도 더는 운영하지 않는다더구나. 폐쇄한대. 너에게 긴히 할 얘기가 있는데, 여기 한번 앉아보지 않으렴? … 너도 알다시피 우리가 이곳으로 온 이유는 행복을 찾기 위해서란다. 누구나 쉽게 노래하는 행복이란 단어가 들과 산에서 나는 나물처럼 저절로 얻어지는 게 아니거든. 외부의 짐승으로부터 보호하기 위해 울타리를 친 다음, 씨를 뿌리고 열심히 가꾸어야만 맛볼 수 있는 거란다. 그런데 남한은 우리 가족에게 안전한 울타리가 되지 못했던 걸 기억하니?"

어머니의 마지막 날을 또렷이 기억한다. 아홉 살 때다. 학교에서 돌아온 정오 무렵, 안방 침대 옆에서 아버지는 쭉정이처럼 깡마른 어머니의 손을 꼭 잡고 있었다. 침묵이 집안의 온기를 잡아먹고 남긴 것인양 괴괴함만이 용암처럼 정적 속에서 유유히 흐르고 있었다. 그때 아버지가 고개를 들었다. 볼을 타고 흐르는 것은 내가 난생처음 본 그의 눈물이었다. 턱 끝에선 빛이 물방울에 갇혀 반짝이고 있었다. 대오에서 뒤떨어진 한 조각 빛이 질곡 속에서 고통으로 꿈틀거리고 있는 것처럼 보였다. 그 위로 드러난 침통한 얼굴의 아버지는 소리 없이 내게 손짓을 했다. 손끝으로 밖을 가리킨 후, 나의 뒷걸음을 확인하고 나서야 고통으로 일그러진 얼굴을 이불 속으로 다시 파묻었다. 나는 그제야 방문을 닫고 거실로 나왔다. 그리고 소파 옆 협탁 위에 놓인 꽃꽂이 항아리를 바라봤다. 어머니가 만든 꽃들은 여느 날처럼 변함없이 밝고 화사했지만, 집안의 분위기는 어제와 분명히 달랐다. 어린 나는 꽃들만 속절없이 바라보고 있을 따름이었다. 꼼짝 않고 계속 뚫어지게 보고 있으면 모든 게 어제로 되돌아갈 것만 같았다. 그러기를 간절히 바랐다.

"돈이 웬수지!"

이틀 후, 소형 버스에 실려 찾은 시립 화장장에서 큰아버지는 내 옆에 붙어 서서 분명히 그렇게 말했다.

2년이 넘는 위암 투병 기간 어머니는 변변한 치료를 받지 못했다. 단지 정신력으로 버틴 어머니였다. 보험이 민영으로 넘어간 후로 보험 가입은 하늘의 별 따기였다. 치료비를 마련하지 못한 아버지는 어머니의 죽음을 자신 탓으로 돌렸다. 그러곤 돈과 모진 악연을 끊어버리기라도 하려는 듯, 그날 이후 하루 꼬박 인쇄소에서 보냈다. 집에는 내가 잠든 후에야 들어와 일어나기도 전에 다시 나갔다. 야근이란 정신과 육체의 극한 한계를 통해 이별의 고통을 망각하려 했는지도 모른다. 아픔은 더 강한 충격을 통해서 잊을 수 있는 법이니깐.

반면, 어린 내게 고통은 아직 낯설었다. 대신 어머니를 상실한 이후 삼 년의 시간이 서서히 외로움과 고독으로 점철되어 갔다. 그런데 그 끈이 여전히 끊어지지 않고 이어지고 있는 것만 같다. 이제 내 정체성의 일부가 돼 버린 건지도 모른다. 군중 속에서도 벗어날 수 없는 절대 고독의 험지에 붙어 있는 작은 그림자 하나가 보인다. 이별을 두려워하는지 발밑에 꼭 밀착해 잔뜩 수그리고 있는 영원한 아이.

아버지는 소파에 등을 기대지도 않고, 내게 차분하게, 그러나 또랑또랑한 목소리로 새벽에 있었던 일을 이야기해 주었다.

“동이 트기도 전에 민우가 왔었단다. 네가 자고 있다고 했지. 어렸을 때부터 보아왔지만, 오늘에서야 녀석이 어른이 됐다는 걸 실감할 수 있었어. 그렇게 의젓한 모습을 왜 지금 발견했는지 모르겠구나. 행복은 저절로 주어지는 게 아니란 걸 녀석도 잘 알고 있더라고. 행복은 쟁취하는 거라는 걸 말이지. 평화의 물이 사라지고 갈등으로 갈라진 땅에서 행복을 기대하는 건 가시에서 꽃이 피기를 기다리는 것과 같다고 하더구나. 민기야, 똑똑한 너니 남이 재단해 준 운명을 맞는다는 게 얼마나 가혹한지 잘 알고 있겠지? 민우 녀석은 지난번 사건의 배후에 다른 세력이 있을지 모른다고 생각하고 있더라고. 당돌한 녀석이야. 몸만 성했으면 무얼 해도 크게 한자리했을 텐데. 아니지. 몸이 성치 않지만 그건 정의를 향한 몸부림을 막지 못하지. 행동이 조금 불편할 뿐이야. 신체를 움직이는 것은 결국 머리이니깐 말이다. 결코 장애가 될 수 없어. 녀석은 깜냥이 된단 말이야. 그런데 녀석도 고민이 많았던 모양이다. 북으로 가겠다고 하더구나. 조선반도 중간에 자리해, 마치 거대한 산맥처럼 민족의 소통을 가로막고 무소불위의 힘을 휘두르는 존재와 그 꼭두각시들을 무력으로 타도해야 할 때라고 열변하더라고. 민족을 이제 해방하고 통일할 적기라고 말이지. 벌써 많은 사람이 녀석을 따르기로 했단다."

아버지가 그처럼 장황하게 말을 한 기억은 내게 없었다. 신념에 가득 찬 얼굴로 하얀 빛 속에서 말을 이어갔다.

"나 때문에 결혼도 안 하고 일만 하는 너를 보면서 참 미안했다. 그동안 고마웠다. 민기야, 나는 민우를 따라갈 거다. 녀석은 너와 함께 북으로 가고 싶어 하더구나. 날 설득하러 온 거였어. 안다. 너와 친형제 이상으로 지냈다는 걸. … 알고 있어. 단 하나뿐인 아들인데. 누굴 더 잘 알 수 있겠니? 그래서 녀석을 설득했다. 외동인 너 대신 내가 간다고 말이야. 그래, 나는 북으로 갈 거다. 그들과 함께 싸울 거야. 노구 하나 희생해서 민족의 미래에 희망의 빛을 밝힐 수 있다면, 그걸로 충분해. 어차피 하루하루 죽음을 향해 가고 있는 삶인데, 불길 앞의 들풀처럼 의미 없이 스러지고 싶지 않다. 행복한 나라를 만드는 데 보탬이 된다면 당장 눈을 감아도 여한이 없어. 인쇄공으로 묵묵히 평생을 살았지만, 내 가슴 한복판엔 언제나 꺼지지 않는 불이 있었단다. 그 불의 정체는 이곳에 와서 분명해졌어. 이제 그 붉은빛이 나를 이끌 거야."

마을은 어둠이 찾아오기 전에 이미 유령의 도시처럼 텅텅 비었다. 이따금 시내에서 들리는 포성과 총성만이 도시에 내가 혼자 방치된 게 아님을 강변하는 듯했다. 해거름이 찾아오기 전까지 집 앞에 쪼그려 앉아 상념에 잠겨 있었다. 그때, 마을 초입에서 낯선 움직임을 봤다. 혹시, 하며 나는 걷잡을 수 없는 의심의 소용돌이 속으로 빠져들어 가고 있었다.

**

"그런데 이름이? 볼프강이라고 했나요? 어제 겪은 일부터 시작해서 제가 알고 기억하는 걸 모두 말씀드렸습니다. 기자님은 지금 한반도 사정을 정확히 이해해야 합니다. 한반도에서 벌어지는 일을 제대로 파악하고 속속들이 알아주셨으면 합니다. 또 외부로 똑똑히 알려야 합니다. 평화의 기운이 약해지기 시작한 건 7년 전 한반도에서 올림픽이 개최된 직후였습니다. 네, 분명 그때부터입니다. 그전까지는 그런대로 잘 버텨왔지요. 아주 문제가 없었던 건 아닙니다. 야당은 미군을 다시 진주시켜서 북한의 위장 평화 쇼를 경계해야 한다고 꾸준히 주장했지요. 그러자 여기에 반발해 중국군을 들여야 한다고 주장하는 쪽도 나왔지요. 재밌지 않습니까? 한쪽에서 개를 끌고 나오니 다른 쪽에서도 개를 끌고 나와 맞서는 꼴이라니 말입니다. 서로 타협하면 해결될 것을 더 복잡하게 만들고 있으니까요. 그런데 올림픽이 끝나자 남한 정부는 적자 올림픽이라는 프레임을 벗지 못하고 야당과 언론으로부터 공격받기 시작했습니다. 남한이 중한과 북한의 경기장뿐 아니라 기반 시설 건설까지 대부분 부담했거든요. 중한을 가로질러 신의주, 또

청진까지 철도를 정비하는 부담도 남한이 짊어졌지요. 그런데 어쩌겠습니까? 다른 두 곳은 돈이 충분하지 않은걸요. 돈을 가진 쪽에서 선의를 베푸는 건 당연하지 않나요? 단지 돈이 모든 것인 양 판단하고 있으니 답답한 노릇이지요. 이건 남한 사람들이 잘못하는 겁니다. 그렇지 않았다면 28년을 끌 이유도 없지요. 북한도 적극적으로 나오는 게 맞습니다. 그럼 벌써 통일을 하고도 남았을 텐데요. … 그런데 여전히 민우와 아버지의 환영이 보이는 듯하군요. 기자님을 만나기 전까지 그들이 떠나갈 때의 모습이 눈앞에 아른거려 밖에 계속 머물렀습니다. 또 많은 생각을 했습니다. 고독은 익숙하다가도 의식하는 순간 견디기 힘들거든요. 아니요, 빵은 필요 없습니다. 어젯밤부터 줄곧 공복이지만 배가 고픈 지도 모르겠군요. 헛헛합니다. 위장이 아니라 간장이 텅텅 빈 것 같습니다. 그런데 커피는 필요할지도 모르겠습니다. 밤새 깨어 있으려면 말입니다. 네, 고맙습니다. 아버지는 자상하진 않아도 실천은 하는 분이지요. 그래서 마음속으로 아버지를 존경했는지 모릅니다. 표현은 끝내 못 했지만요. 마음이 아픕니다. … 하지만, 민우와 아버지를 따를 순 없었습니다. 기자님은 혹시 그리스신화 속 아그리피아인을 알고 있나요? 아그리피아인은 스키타이인들과 이웃해 살지요. 그런데 매나 몽둥이가 없이 산다고 합니다. 그들은 아무도 공격하지 않거든요. 그뿐 아니라, 자신들 땅으로 피신해 오는 사람들을 안전하게 보호해 준다고도 합니다. 심지어 분쟁이 생기면 이웃들은 아그리피아인을 찾아가서 싸움을 조정해 달라고 간청하기도 하지요. 그들이 없었다면 스키타이인이 위대한 문화를 오늘까지 남길 수 있었을까요? 이웃과 전쟁을 일삼던 역사 속 수많은 민족처럼 흔적도 없이 사라졌을지 모릅니다. 나는 민우와 같은 리더십은 없습니다. 어쩌면 용기도 부족하지요. 겁쟁이가 아니냐고요? 그럴 지도요. 하지만, 그는 떠나갔고, 나는 남았는걸요. 그런데 민우가 옳다면 결과는 또 뭔가요? 전쟁 아닌가요? … 결심했습니다. 내일 날이 밝자마자 도시에 남아 있는 사람들을 찾아 나설 참입니다. 그들을 설득해서 남북의 싸움을 훼방 놓을 생각입니다. 중한을 동서로 가로지르는 평화의 인간 띠를 만들어서라도 전쟁을 막을 겁니다. 네, 압니다. 그래도 설득해야지요. 나 혼자서라도 두 손을 형제처럼 꼭 맞잡고 포탄에 맞서겠습니다. 총부리로는 평화가 아니라 갈등만 심화시킬 뿐이잖아요. 두 사람 간 싸움도 아그리피아인 같은 중재자가 있어야 진정되지 않습니까? 제삼자가 최소한 부추기지는 말아야지요. 총칼이 비록 사랑하는 사람들을 내 곁에서 떠나보냈지만, 나의 신념을 위협하고 흔들진 못할 겁니다. 여태 묵묵히 살았습니다. 그게 철학이 없다는 반증은 아니지요. 어렸을 때부터 이성을 다듬질한 대로 신중했을 뿐입니다. 이제 더는 기다릴 수 없게 됐습니다. 행동할 때입니다. 볼프강 기자님, 돌아가면 꼭 보도해 주세요. 우리 민족은 스스로 운명을 개척한다고 말입니다. 전쟁이 아니라 평화로 통일까지 갈 겁니다. 어머니를 남에, 아버지를 북에 놓는 불효자가 되지 않을 겁니다. 누구보다 민우와 이별하고 싶지 않습니다. 백두와 한라의 물은 하나가 되어 반드시 동해로 흘러야 합니다. 그때 비로소 흥미를 잃은 훼방꾼들도 떠나가겠지요. 그날이 오면 다시 나를 찾아주세요. 내 심장이 그때도 이렇게 힘차게 뛰고 있다면 말입니다. 약속해 주세요. 꼭 아그리피아인을 다시 찾아온다고." ▪

목수의 아내

이정순

1

-멀리 갖다 묻어다오. 큰애가 자주 오지 못하게.

마지막 구절을 읽는 순간 슬픔보다는 분노의 눈물이 흘렀다.

나는 천천히 그것을 다시 봉투 속으로 넣고 봉해버렸다.

한밤에 울리는 요란한 전화벨 소리에 잠을 깼다. 시누이의 다급한 목소리가 전화선을 타고 흘렀다. 췌장암 말기의 시어머니가 오늘 밤을 넘기기 어려울 것 같다며 담당 의사가 가족들에게 알려야 한다고 했다. 나는 병원으로 가기 위해 서둘러 외투를 걸쳐 입고 집을 나와 택시를 탔다. 서울 남서부에 있는 집에서 북쪽 끝자락에 자리하고 있는 병원까지는 꽤 먼 거리였다. 밤이 깊었지만 대도시의 도로에는 차량이 가득했다.

차창 밖으로 강변을 따라 점점이 이어지는 차량의 불빛들이 강물 속에서 수초처럼 흔들리고 있었다. 나는 이 와중에도 남편에게 전화해야 할지 조금 망설여졌다. 언제 이 상황이 정리될지 감이 잡히지 않았다.

진해 사관학교 보수 공사로 출장 중인 남편에게 어머님이 위독하다는 전화를 할 때마다 남편은 천 리 먼 곳에서 밤길을 달려왔다. 임종이라도 준비해야 할 것처럼 위태롭던 시어머니는 아들이 오고 나면 다시 상태가 호전되고는 하였다. 몇 번이나 그런 상황이 반복되다 보니 어느새 나도 감각이 무디어져 갔다. 사실을 말하자면 조금 짜증이 났다. 그럴 때마다 현장 일로 새까맣게 그을린 남편은 얼굴에 숯덩이처럼 검은 그림자를 드리우고 헐레벌떡 달려왔다. 나는 그런 남편이 안쓰럽기도 하고 맏이라는 역할만 당연히 요구하며 모든 짐을 떠미는 시동생들이나 시누이가 싫었다. 그러나 한편으로는 쇠락의 기운이 완연한 시어머니가 언제 임종을 할지 모르는 일이었다. 고민 끝에 남편에게 빨리 오라는 전화를 했다. 길게 한숨을 내쉰 남편은 아침이나 되어서야 도착할 수 있을 거라고 했다. 사십 년 노동으로 지친 남편의 모습이 눈에 선했다.

오 남매의 맏이인 남편은 열여덟 어린 나이에 아버지를 여의고 사실상 가장이나 다름없었다. 가족들의 생계는 물론이고 온갖 궂은일을 도맡아야만 했다. 아버지가 돌아가시자 어머니는 고등학교 졸업을 일 년 남겨둔 맏아들을 학교를 그만두고, 돈을 벌어 오라며 목공소로 일을 보냈다고 했다. 남편은 기어이 학교를 마치겠다고 고집을 부리다가 어머니로부터 갖은 패악을 당하고 대문 밖으로 쫓겨났다. 그때부터 목공소에서 문짝을 만들기 시작했다고 하였다. 그렇게 들어선 목수의 길이 어느덧 사십 년이 되어간다.

2

시어머니는 강원도 시골 여자지만 키가 늘씬하고 다듬지 않은 그을린 피부였으나 얼굴형이며 오뚝한 콧날이 꽤 미인에 속했다. 나는 남편의 큰 키와 반듯한 이목구비가 어머니를 닮았다고 생각했다. 그에 비해 다른 남매들은 하나같이 시아버지의 모습을 닮은 듯했다. 시어머니는 가난한 시아버지에게 시집 온 걸 늘 한탄하며 소나무가 둘러선 고래 등 같은 한옥에서 한번 살아 보는 것이 소원이라고 한탄을 했다. 시어머니와 나는 열다섯 살 밖에 나이 차이가 나지 않았다. 다섯 살 연하인 남편을 시어머니가 스무 살에 낳은 것이다. 결혼 전 시어머니는 우리의 결혼을 엄청나게 반대를 하였다. 연상인 데다 연약하기 짝이 없는 내가 맏며느리로 가당치 않다는 것이다. 그러나 끝내 나와 결혼을 하겠다는 남편에게 평생 생활비를 받겠다는 서약을 받고 마지못해 허락하였다.

시어머니는 고집스럽고 차가웠다. 이해하기 힘들 만큼 남편에게는 다른 자식들보다 냉정했다. 나는 어머니가 왜 그렇게 공평하지 않았는지 이해가 되지 않았다. 그러나 묵직하고 효성이 깊은 남편은 결혼 후에도 맏이의 역할을 손 놓지 않았다. 마치 그것이 사명인 것처럼. 시어머니는 생활비가 하루만 늦게 입금이 되어도 전화를 걸어 그악스러웠다. 나는 때로는 돈 맡겨 놓았느냐며 우리도 힘들다고 화를 내고 싶었지만 참았다. 혼자서 아등바등 힘겨워하는 남편이 너무나 가여워 보이기도 했지만, 시어머니가 같은 여자로서 이해가 되었다. 어린 자식들을 줄줄이 두고 일찍 남편을 떠나보냈으니 얼마나 살아갈 길이 막막했을까 싶었다. 아마도 장남을 남편처럼 의지하고 살 수밖에 없었을 것이다.

그래서 그다지도 우리의 결혼을 반대하였는지도 모른다는 생각이

들 때면 나는 오히려 죄스러운 생각이 들기도 했다.

시어머니에게 보내는 생활비의 비중은 한 달 지출에서 가장 큰 비중을 차지했다. 그러나 어머니로부터 돌아오는 대답은 늘 한결같았다.

-너희는 주느라고 주는 거지만 나는 부족하기 짝이 없다.

나도 남편도 그럴 때면 가슴속에서 비명이 올라오며 빠듯한 생활에 희망 같은 것은 꿈도 꾸지 못하고 지쳐갔다. 시누이나 시동생들도 수시로 아쉬운 소리를 하며 돈을 빌려 달라고 했다.

마침내 나도 맞벌이에 나섰지만, 우리의 생활은 늘 빠듯하였다. 가난과 싸워서 이겨보려고 남편은 무던히도 애썼다. 사십 년 노동으로 버티어 온 남편은 어느새 그 탄탄하던 몸도 허물어져 간다. 수시로 무릎을 절룩이고, 밤이면 신경통으로 온몸에 파스 냄새를 풍기며 아스피린으로 살아간다. 그래도 일생을 새벽 네 시면 알람시계 소리에 맞춰 벌떡 일어난다. 일생을 성실하게 살아온 대가로 어느 정도 경제적인 결핍에서 벗어났으므로 나는 남편에게 이제 좀 편한 일을 갈아타는 것이 낫지 않겠느냐고 몇 번이나 권유했지만, 남편은 말한다. 자신에게는 꼭 이루어야 할 마지막 꿈이 있다고.

긴 상념에 잠기는 동안에 택시가 어느새 병원으로 도착했다. 병실로 들어서니 네 동생이 다 모여 있었다. 침상에 누워있는 시어머니는 눈을 감은 채 가쁜 숨을 몰아쉬고 있었지만, 아직 의식은 있는 듯 내가 들어서자 힘겹게 고개를 돌렸다. 내가 천천히 어머니에게 다가서자 그다지 놀라워하지 않는 내 모습이 못마땅한 지 시누이가 얼굴을 찌푸렸다. 나는 때때로 큰 이유도 없이 그런 행동을 하는 시누이가 더 싫었다. 그리 대단하지도 않은 그들이 시댁 식구들이라는 가부장적 관습과 명분에 젖어 내게 하는 부당한 대우가 점점 시어머니와의 거리를 더 멀어지게 하는 것만 같았다. 나는 그다지 살가운 며느리는 아닌지 모르지만 내가 해야 할 도리는 다하고 산다고 생각했다.

-오빠는 도대체 왜 이리 안 오죠?

-일 마치고 올라오고 있잖아요. 먹고살아야지요.

날카롭게 쏘아붙이는 시누이의 말에 나도 모르게 언성이 높아졌다.

말리는 시누이가 더 밉다며 아직도 자신들이 갑인 줄 안다던 친구들의 말이 절로 떠올랐다.

뾰족한 내 대답이 거슬렸는지 곁에 있던 시동생이 대뜸 거들었다.

-혼자만 먹고사나…

순간 울화가 치밀었다. 언제나 맏이의 의무만 따지지 예의 같은 건 안중에도 없다. 왜 시댁 식구들은 언제나 그렇게 당당하게 구는지 이해할 수 없다. 돌이켜 생각해 보니 참고 살았던 지난날들의 대우가 너무 억울했다. 언제나 남매들끼리 똘똘 뭉쳐서 나를 공격해댔다. 나는 시어머니가 돌아가시고 나면 더는 참지 않겠다고 속으로 벼르고 있었다. 소란한 소리에 어머니가 다시 기척을 했다. 나는 순간 아차 싶었다. 이 와중에 시동생들과 언쟁을 벌이고 있는 내가 맏며느리가 맞나 싶은 죄책감이 어쩔 수 없이 또 들었다. 어머니는 손을 내저으며 가는 목소리로 모두 나가라고 했다. 그러나 막상 침대 가장자리에 있던 내 손을 끌어당겼다. 어머니의 손은 마치 갈퀴 같았다. 억세어 보이기만 하던 어머니의 손은 힘이 하나도 없었다. 나는 순간 가슴속을 울컥 치미는 어떤 정체를 알 수 없는 감정에 복받쳤다. 일생 저 손을 단 한 번이라도 진심으로 잡아 본 적이 있었던가. 단 한번도 서로에게 다정하지 않았던 어머니와 나는 평생을 거리감을 두고 살았다. 그러고 보니 어머니의 몸피도 몰라보게 여위어 있었다. 일을 다닌다는 핑계로 자주 병문안을 오지 못했을 뿐만 아니라 어머니가 강릉에서 서울로 병원을 옮길 때도 시누이가 가까이 사는 쪽의 병원에 입원하기를 원했다.

영악하기 그지없는 시누이가 웬일인지 집 가까운 병원에 어머니를 입원시키면 자주 들여다보겠다고 했다. 맏며느리이지만 직장을 다니는 나로서는 그때만큼은 시누이가 정말 고마웠다. 그래서인지 더 자주 오지를 못했다. 왜 어머니의 몰라보게 달라진 모습이 여태 안 보였는지 죄책감이 들었다. 지금이야말로 어머니와 마지막으로 화해를 해야 할 것 같았다. 어머니가 눈을 가늘게 뜨고 숨을 쌕쌕거리며 들릴 듯 말 듯 한 목소리로 물었다.

-큰애는 언제 오느냐…… 큰애를 불러다오.

-지금 오는 중이에요. 곧 도착할 겁니다.

내 손을 잡은 어머니의 손에 순간 힘이 주어졌지만 이내 느슨해졌다. 나는 순간적으로 어머니의 임종을 예감했다. 어머니가 다시 숨을 헐떡이며 가늘게 눈을 뜨고 무어라 말했다. 소리가 너무 힘이 없고 작게 들려 어머니의 얼굴 가까이 오른쪽 귀를 갖다 댔다.

-부엌에… 부엌 찬장 바닥에…

하시고는 어머니는 이내 운명하셨다. 나는 끝내 어머니와 살아서는 화해하지 못하였다.

시동생들이 의사를 소리쳐 부르며 복도로 뛰쳐나가고 시누이는 나를 밀쳐내고 시어머니를 끌어안았다. 병실 안은 삽시간에 울음바다가 되었다. 나는 어머니의 임종이 실감 나지 않은 채 멍하니 서 있었다.

아침이 되어서나 도착할 거라던 남편이 받을 충격을 생각하니 눈물조차 나지 않았다. 남편에게 어머니가 임종했다는 문자를 보내는 손가락이 심하게 떨릴 뿐만 아니라 팔에는 오소소 소름이 돋고 이빨까지 딱딱 소리를 내며 떨리고 있었다.

착한 심성의 남편이 평생을 모시고도 임종을 지키지 못했다는 자책감으로 받을 상처를 생각하니 앞이 캄캄했다. 조금만 더 버티시지 마지막 임종까지도 남편의 가슴에 대못을 박고 떠나는 어머니가 원망스러웠다. 비로소 내 볼을 타고 눈물이 흘렀다.

남편은 장례식을 치르는 내내 어머니 곁을 한시도 떠나지 않고 지켰다. 영안실이 강릉에서 먼 탓에 조문객들은 얼마 되지 않았다. 친척들과 오촌 아재는 남편의 효성이 지극하다며 위로했다.

-너거 어무이가 그렇게 맏이 칭찬을 많이 하더니…… 고생했다.

그럴 때면 남편은 더 죄인처럼 눈시울이 붉어졌다.

어머니가 칭찬을…… 나는 믿기지 않는 소리에 왠지 속이 끓었다.

발인이 끝나고 장지로 향하는 버스에는 오 남매의 가족들이 전부였다. 다른 형제들에 비해 유독 침울한 표정으로 앉아있는 남편의 모습에 마음이 무거웠다. 잔뜩 흐린 하늘에서 추적거리며 비가 내리기 시작했다. 비가 내리는 창밖을 바라보며 우리의 결혼을 유독 반대했던 시어머니를 떠올렸다. 수많은 시간이 흘렀음에도 어머니에 대한 앙금이 남아있었던 것일까. 마지막으로 어머니를 보내러 가는 순간에 불현듯 그 생각이 들다니. 고개를 흔들어 생각을 지우려 했다.

앞자리에 앉아있던 시누이가 느닷없이 남편에게 어머니가 살던 집 문제를 꺼냈다.

-어머니가 살던 집은 어떻게 할 거야?

남편은 아무런 대꾸도 없었다. 그러자 시동생이 불쑥 끼어들었다.

-어쩌긴 얼마라도 받아서 공평하게 나눠야지.

시누이가 그 말에 발끈했다.

-마지막까지 어머니를 모신 게 누군데, 그리고 병시중하느라고 돈이 많이 들었는데 오빠만큼은 아니지만 그건 분명히 짚고 넘어가야지.

막내 시누이가 언성을 높이며 나섰다.

-그렇게 따지면 지난번 집수리할 때는 나도 돈을 보탰잖아.

남편은 여전히 굳은 얼굴로 일언반구도 없었다. 그러자 시동생이 눈을 부라리며 남편을 쏘아봤다.

-어떻게 할 건지 말을 하라구,

-어머니를 생각해서도 그 집은 그대로 두어야 한다. 그 집은 영원히 어머니의 집이고 우리 모두의 집이다.

남편의 낮고 단호한 목소리에 일순 정적이 흘렀다.

나는 어처구니가 없었다. 아무리 없이 산다고들 하지만 장지로 가는 버스 안에서 무덤에 풀도 마르기 전이라는 말이 무색하게 돈 이야기로 날을 세우고 있는 모습에 한숨이 나왔다. 타인들이 없는 것이 다행이라는 생각밖에 들지 않았다. 콩가루 집안에 불효막심하다는 소리를 해댈 것이다. 톨게이트를 지나 정체가 풀린 고속도로를 달리는 운전수만 백미러로 힐끔거렸다. 그는 한 가족이 해체되고 있는 모습이 눈앞에서 펼쳐지고 있다고 여길 것이다. 이제 혈연으로 뭉쳐진 가족이 아니라면 타인의 길로 들어서고 있는 것이 느껴졌다. 어쩌면 예정된 수순이었을 것이다. 어머니의 죽음은 그 서곡이자 매듭이 된 것인지도 모른다. 이 비정한 관계가 끝장을 볼 때까지 함께 가는 것을 사실상 나도 원하지 않았다. 오히려 알량한 재산분배를 이용해 지칠 만큼 지친 가족관계를 말끔히 정리해버리고 싶다는 오기가 생겼다. 남편에게 집을 처분해 우리는 한 푼도 가지지 말고 나누어 줘버리자고 말할 생각이었다.

그것이 일생을 함께하며 하나로 뭉친 시동생들과 부대끼며 살아가는 것보다 훨씬 나은 공산일 거라고 여겨졌다. 남편이 넣은 어머니의 보험금은 아무도 묻지를 않았다. 나는 보험금 이야기가 나오면 가만있지 않으려고 인내를 하고 있었다. 하지만 웬일인지 모두들 보험금 이야기는 함구하고 있었다.

사실 그 집은 완전한 시어머니 소유의 집도 아니었다. 시동생들이나 시누이들은 잘 모르고 있는 듯했다. 백여 평의 그 집은 강릉 시내에서 경포대로 들어간 초입에 넓지막하게 자리를 잡고 대문 입구에는 커다란 수양 목련 두 그루가 마주 보고 서 있었다. 마당 안쪽에는 커다란 오동나무 한 그루가 서있어서 동네 사람들은 물론 강릉 시내의 웬만한 택시 운전사들도 수양 목련집이거나 오동나무집이라고 불렀다. 남편은 어릴 적부터 그 나무들이 있어서 좋았다고 했다. 처음 남편과 함께 시댁이라고 갔던 집은 허물어 질듯 낡고 초라했으나 탐스러운 백목련이 수양버들처럼 달린 나무와 커다란 잎사귀가 햇빛을 가리는 오동나무가 운치를 더해 내 마음을 사로잡았다.

-이 다음에 이 집을 허물고 멋진 한옥을 짓고 어머니가 좋아하는 소나무도 몇 그루 심을 거야. 그리고 동생들이 언제나 찾아올 수 있는 둥지를 만들 생각이야.

남편은 상기된 얼굴로 말했다.

-오동나무는 빨리 잘 자라니 잘라서 장롱도 만들고 밥상도 만들자.

나는 그 오동나무에 빨랫줄을 매달아 빨래도 널고 나무 아래서 아이를 안고 책을 읽는 모습을 상상했었다. 그 첫날의 환상이 서슬 퍼런 시어머니의 반대에 무참하게 깨졌지만, 자신만 믿으라던 남편은 끝내 어머니를 포기시켰다.

남편은 집을 새로 짓지는 못했지만 조금씩 집을 고쳐나갔다. 모양은 조금씩 바뀌어도 오래된 집에서는 무시로 바람이 드나들고 나무 썩는 퀴퀴한 냄새가 났다. 나는 남편에게 물었다.

-헌 집을 고칠 만큼 고쳐도 나아질 게 없으니 차라리 완전히 허물고 새로 짓는 것이 낫지 않겠어요?

그날 남편은 내게 조금 충격적인 이야기를 했다.

-실은 땅 주인이 따로 있어.

나는 그 말이 무슨 뜻인지 몰라서 처음엔 전세라는 줄로 잘 못 알아들었다. 하지만 그것은 아니었다. 땅주인은 어머니의 아버지 즉 남편의 외할아버지의 땅인데 외할아버지는 6.25 전쟁 때 피난을 가다가 아들을 잃어버리고 시어머니를 키우며 늘 잃어버린 아들을 그리워하며 언젠가 아들이 돌아오면 그 땅을 아들에게 즉 그의 외삼촌에게 돌려주라고 유언을 하셨다고 하였다. 그래서 어머니가 선뜻 자식들에게 등기를 물려주지 못했을 거라고 했다.

나는 어머니의 허망한 꿈과 남편의 순진함에 헛웃음이 나왔다. 전쟁이 끝난 지가 언제이고 죽었을지 살았을지도 모른 사람의 존재는 전혀 실감이 나지 않았다. 그러나 남편은 달랐다. 어릴 적 아버지가 갑자기 돌아가시자 제사 때가 되면 외삼촌 제사도 함께 지내는 것이 어떻겠느냐는 말을 했다가 시어머니는 대성통곡을 하며 남편을 원망했다고 했다. 남편은 그날처럼 어머니가 우는 모습을 본 적이 없다고 했다. 그 이후로 외삼촌은 남편에게 입에 올려서는 안되는 존재가 되었을 뿐만 아니라 더 어린 동생들은 존재 자체조차 까마득히 잊어가고 있었다. 다만 남편의 깊이 잠긴 기억 속에 음습하게 남아있을 뿐이었을 것이다.

남편은 어머님을 아버님의 무덤에 합장하였다. 무덤을 파헤치고 다시 잔디를 입힌 봉분이 완성되고 일을 마친 인부들이 돌아간 뒤에도 남편은 봉분 주변을 서성이며 잔디를 꾹꾹 눌러 밟았다. 동생들이 배가 고프다며 돗자리에 둘러앉아서 상석 위에 있던 음식들을 가져와서 먹었다. 음식 냄새와 막걸리 냄새와 파헤쳤던 흙냄새가 코끝을 스쳤다.

방금 어머니를 차가운 땅속에 묻고도 다정하게 둘러앉아 음식을 먹는 시동생들의 천진하고 단순한 삶의 모습이 쓸쓸하게 다가왔다. 문득 양부모를 잃은 시동생들이 가엽게 여겨졌다. 술기운에 어머니와의 옛일을 아무렇게나 떠들어대는 시동생조차도 거슬리지 않았다.

잔디를 밟던 남편은 막막하게 둘러서 있는 산을 망연히 바라보고 서 있었다. 산골짜기에서는 뻐꾸기가 애절하게 울어댔다. 무덤가를 둘러싼 밤나무에서 툭. 밤송이가 입을 벌린 채 떨어졌다. 떨어진 밤송이 곁에는 망초꽃이 지천으로 피어있었다. 어머니는 유난히 소나무를 좋아했고 나는 무리 지어 피어나는 망초꽃을 좋아했다.

문득 떠난다는 것이 비로소 완성이 아닐까 하는 생각이 들었다. 어머니와의 그 골 깊었던 원망도 켜켜이 쌓여있던 한도 모두 소멸시키는 무. 인연 따라 모였다가 흩어지며 마침내 이생에서의 끈을 무연하게 놓아버리는 해탈 같았다. 가슴속에서 무언가 크고 무거운 돌덩이 하나가 쑥 빠져나가고 있었다. 돌아오는 버스 안에서는 모두 지친 듯 말이 없다가 잠이든 듯 간간히 코 고는 소리도 들려왔다. 느리게 산길을 달리던 버스가 서울로 향하는 고속도로에 올라타자 빠르게 속력을 내기 시작했다. 어느새 어둠이 짙어지고 밤안개가 피어오르고 있었다.

3

시어머니의 반대처럼 친정어머니도 결혼을 몹시 반대했다.

-그런 결혼을 하라고 대학 공부까지 시켰구나. 뒷발로 골라도 그보다 나은 자리를 고르겠다. 목수라니……

여고 동창회에서도 남편이 목수라고 당당하게 말하는 나를 동창들은 의아하게 쳐다보았다. 나는 편견으로 세상의 잣대를 들이대며 건설노동자를 폄하하는 사람들이 더 속물처럼 여겨져 화를 내며 집으로 돌아오곤 했지만, 막상 소금에 절인 배추처럼 되어서 지독한 땀 냄새를 풍기며 돌아오는 남편을 보면 속이 상했다.

어디에서든 무엇을 하든 자신의 일이 소중하다지만 무엇보다도 쉰이 넘어서도, 예순이 되어서도 할 수 있을까 하는 의구심으로 날이 갈수록 불안해졌다. 하지만 현실에서는 생업이 될 수밖에 없는 일을 쉽게 바꾼다는 것은 가당치도 않은 일이었다. 무엇보다 당사자가 보람과 긍지를 가지고 하는 일을 거론한다는 것은 자존심을 건드리는 것 같아 말조차 꺼내지도 못했다. 결혼이 사랑의 완성인 줄로만 믿었던 젊은 시절은 직업이 무엇이든 남들의 이목이 어떠하든 상관없었다. 몇 시간이면 뚝딱거리며 나무로 상도 만들고 책꽂이도 만들어내는 그가 마냥 경이롭기만 했다. 그러나 살아갈수록 세상살이는 팍팍해져 갔다. 일하고도 돈을 떼이기가 일쑤였다.

현장 소장은 하청업자를, 업자는 원청을 미루며 임금이 체불되었다. 마침내 원청조차도 부도가 나고 곧이어 수상한 시절은 온 나라를 불황의 도가니로 몰아넣었다. 급기야 작은 소도시에는 누구나 할 것 없이 일자리가 끊겼다. 살아갈 길이 막막해 잠을 설치던 그즈음 나는 남편에게 다른 방법을 찾아보자고 했다.

-모두가 어려운 이 시기에 달리 무슨 일을 하겠어. 아버님도 안 계시는데 어머니와 동생들 가까이서 살아야지.

나는 같이 굶어 죽을 거냐고 화를 냈다. 부모형제를 끝내 못 벗어나는 맏이 의식에 진저리가 났다. 온 가족을 등에 업고 가는 남편이 안쓰러우면서도 답답하기만 했다.

-나도 더 나은 일자리를 얻어 볼 테니 서울로 이사를 가요. 아무래도 대도시로 가면 그래도 일이 있을 것 같아요.

돈 벌어서 다시 돌아오면 되지 않느냐고 애원했다. 함께 가라앉는 난파선이 될 수는 없었다. 우리는 그날 밤 보일러가 끊긴 방에서 밤새 소주를 마시며 논의 끝에 결론을 내렸다.

-그래, 서울 가서 살아보자.

-잘 생각했어요. 가서 보면 길이 있을 거예요.

대관령을 넘고 험준한 태백산맥을 넘으며 밤새 달려온 열차가 청량리역에 도착했다. 새벽의 청량리역에는 풀 풀 눈이 내리고 있었다. 등에 업힌 아이는 잠이 들어있었다. 기차에서 먹은 차디찬 김밥이 체했는지 멀미를 한 것인지 나는 여덟 시간 내내 열차 내의 통로와 화장실을 오락가락하며 설사와 구토를 했다. 남편은 안절부절못하며 나를 따라다녔다. 플랫폼에 내려 찬 공기와 눈을 맞으니 비로소 살 것 같았다. 역 광장앞 택시 승강장에는 불황이 실감 나게 수많은 택시들이 한가로이 서 있었다. 담배를 피우고 있던 서너 명의 기사 중 한 남자가 다가와 어디로 갈 거냐고 물어왔다. 버스를 타고 찾아갈까 망설이다가 옷가지와 목수 일에 필요한 몇 가지 연장을 넣은 무거운 가방 탓에 어쩔 수 없이 비싼 택시를 타고 친정 오빠네로 갔다.

강남에 위치한 대단지의 아파트에 들어서니 너무나 낯설고 위압감이 밀려왔다. 같은 핏줄이어도 얼마나 먼 타인으로 살아왔는지 느껴졌다. 서울에서 집과 일자리를 알아볼 며칠만 묵게 해 달라고 전화로 미리 부탁했었지만 올케의 반응은 싸늘했다. 한마디 말도 없이 문을 열어주는 표정이 얼음장처럼 차가웠다.

그래도 핏줄인 오빠의 반응은 달랐다. 등에 업힌 아이를 받아 안으며 이 엄동설한에 무슨 일이 있겠느냐며 걱정을 했다. 정 안되면 다시 내려 갈 테니 걱정하지 말라며 일주일의 유예기간을 허락받고 세 식구는 겨우 거실로 들어 설 수 있게 되었다. 거실은 따뜻하고 부잣집 특유의 향기가 배어났다. 문틈 사이로 바람이 드나드는 강릉의 적산가옥 전셋집과는 너무나 대조적이었다. 더 기가 막히는 것은 그 보증금으로는 서울에서 방 한 칸 얻기도 어려울 것이라는 오빠의 말이었다. 행여 돈이라도 보태줄까 봐 올케는 잔뜩 긴장한 얼굴로 오빠와 우리를 번갈아 쳐다봤다.

남편은 아직 젊고 기술이 있으니 열심히 노력하면 될 거라고 했지만 두 사람은 난감한 표정을 지었다. 나는 어서 집부터 얻어야 하겠다는 생각부터 들었다. 나만 믿고 따라나선 남편에게 너무 미안했다. 아니 민폐라도 끼칠까 불안한 기색이 역력한 오빠 내외가 서운하기 그지없었다.

이튿날부터 바로 일자리와 집을 알아보기 위해서 아이까지 둘러업고 우리는 무작정 돌아다녔다. 예상대로 강릉 집 보증금으로는 집은커녕 방 한 칸도 전세로 얻기에는 턱없이 부족하였다. 돌아다니다가 지친 우리는 부근의 허름한 식당으로 들어가 설렁탕을 시켜놓고 먹는데 왜 그렇게 서러운지 닭똥 같은 눈물이 설렁탕 그릇 속으로 뚝뚝 떨어졌다. 남편이 왜 우느냐고 묻자 나는 국물이 너무 뜨거워서 그런다며 애써 눈물을 지웠다. 그때였다. 대여섯 명의 남자들이 식당으로 들어섰다. 한눈에도 건설 현장에서 작업을 하는 노동자들처럼 보였다. 남편과 나는 저절로 그들에게로 시선이 갔다.

건설업계에 불황이 밀어닥친 이 시기에 일하는 것만으로도 우리에게는 부럽기 짝이 없었다. 그들은 마무리가 코앞인데 일손이 부족해서 큰일이라고 걱정스러운 표정으로 말하고 있었다. 순간 남편과 나는 귀가 솔깃해졌다. 그가 다짜고짜 일어서서 그들에게로 가서 말을 꺼냈다.

-혹시 일할 사람을 구하시는지요?

일행 중 어깨가 다부진 사내가 남편을 아래위로 훑어보며 물었다.

-무슨 기술이 있소?

-목수입니다.

남자가 고개를 갸우뚱했다.

-목수일 하던 사람은 우리 작업이 힘들 텐데…… 단가도 안 맞고.

무엇보다 우린 일손이 딸려도 함부로 사람을 안 쓰는데……

-건축일이라면 무슨 일이든지 할 수 있습니다.

남편의 목소리에 절박함이 묻어났다.

-목수 했으면 일머리는 빠르게 돌아가겠구먼.

곁에 있던 사람들이 호감이 가는 표정으로 한마디씩 거들었다.

불황이 갈수록 심각해지고 있는 상황에 우리는 어떻게든 서울에 일자리를 잡아야만 했다. 물론 그렇다고 다 힘든 건 아니었다. 부자들은 여전히 윤기 있는 삶을 살아가는 것 같았다. 아침 일찍 오빠 내외는 벤츠 승용차를 타고 골프를 치러 나갔다. 현관도어의 비밀번호를 묻고 싶었지만 차마 입이 떨어지지 않았다. 빈방을 얻을 수만 있다면 이불부터 사서 그곳으로 가고 싶었다. 문이 잠긴 아파트 앞에 서 있을 세 식구의 모습이 눈에 선했다. 집을 나설 때는 하루가 바늘방석 같은데 일주일을 지낸다는 것도, 그 기간 안에 일자리를 구한다는 것도 힘들 것 같은 불안감이 몰려왔다. 형제도 자랄 때 우애이지 결혼하면 남이나 다를 바 없는 것 같았다. 나 역시 내 가족이 우선이었다.

-목수 일은 옛날 말이지 이제 사양길 아니오? 자재들이 모두 인화성이 없고 튼튼한 경량 철골 쪽으로 바뀌고 있지. 그래도 아직 젊고 체격이 좋네. 어때 우리 팀이랑 함께 일해 보겠소?

-시켜만 주신다면 열심히 배우겠습니다.

남편은 애원하다시피 했다.

-내일부터 당장 일할 수 있겠소?

사내의 말에 언뜻 남편이 나를 쳐다봤다. 설렁탕 그릇에 숟가락을 걸친 채 아이를 안고 잔뜩 긴장하여 그들의 말에 귀를 기울이고 있던 나는 남편을 향해 무조건 고개를 끄덕였다. 중요한 것은 하루 만에 일자리를 구한 것이었다. 집이야 혼자 다녀도 얼마든지 구할 수 있을 것 같았다. 날품을 팔더라도 오자마자 일자리를 얻은 것이 행운이라는 생각이 들었다.

사내는 식당에서 대각선으로 보이는 현장과 자신의 전화번호를 알려주며 내일부터 일을 나오라고 하고는 일행들과 빠르게 식사를 마치고 식당을 빠져나갔다. 나는 뛸 듯이 기뻤다. 남편의 내내 긴장해있던 얼굴에도 안도의 빛이 돌았다. 나는 일자리를 쉽게 구했으니 빨리 집도 구하러 가자고 했다. 오막살이여도 우리 세 식구 맘 편히 있을 집이 절실했다.

저절로 힘이 난 우리는 해가 질 무렵까지 돌아다니며 노량진 언덕배기에 손바닥만한 거실 겸 주방이 딸린 방 한 칸을 겨우 얻을 수 있었다. 노들나루와 한강이 훤히 내려다보였다. 그렇게 남편과 나의 서울살이는 시작되었다. 나는 대학 선배의 도움으로 법률사무소에서 보조사무원으로 취직을 했다.

4

남편은 몹시 고단한지 잠꼬대와 코골이를 번갈아 가며 몸을 뒤척였다. 새벽 4시에 맞춰진 알람시계는 아직 울리지 않았다. 자리에서 먼저 일어난 나는 주방으로 나가서 간단한 아침 요기를 준비한다. 계란 프라이 두 개를 넣은 식빵에 두유 한 잔이다. 현장 앞에서 토스트를 사 먹어도 되는데 굳이 일어나서 하느냐고 말리지만 빈속으로 나가는 걸 볼 수는 없다. 연달아 울리는 알람 소리에 남편은 단번에 몸을 일으킨다. 잠귀가 유난히 밝은 데다 오랜 세월에 굳어진 습관은 한 치의 미적거림도 없다. 세수를 끝낸 그는 단 몇 분 만에 요기하고 옷을 갈아입는다.

-오늘은 늦을지도 몰라.

-멀리 가?

나는 기계적으로 묻는다.

-아니 마무리 때문에 일이 많아서. 내가 아니면 꼭 마무리가 안 된다니까. 현장에서도 내 기술은 알아주는지 와서 사진도 찍어가네.

어깨를 으쓱해 보인다.

-그래도 항상 조심해. 안전 장비 꼭 챙기고. 덥다고 안전모 벗지 말고.

산업재해 사고가 잦다던 간밤의 뉴스가 떠올라 나는 아침부터 잔소리를 늘어놓는다.

-당신도 근로 감독관 다 되었네.

남편이 씩 웃으며 캄캄한 새벽길을 나선다.

힘든 내색 하나 없이 하루를 여는 그였지만 문득 달리는 열차에서 정거장에 도착할 때를 놓칠까 초조해하는 나그네 같다는 생각이 들어

물끄러미 남편의 뒷모습을 바라본다.

멈추지 못하는 협궤열차. 그는 언제쯤 그 열차에서 내릴 수 있을까.

일평생의 노동으로 연골이 다 닳아진 절룩이는 다리로 내리게 되는 건 아닐까. 하지만 남편은 지금껏 단 한 번도 내게 힘든 내색을 보이지 않는다. 자신의 일에 언제나 보람과 긍지를 느끼고 거룩한 노동 후의 땀의 대가를 소중히 여기며 즐겁게 일을 한다. 내가 바라보는 남편과 남편이 느끼는 생각의 차이가 그를 지탱하는 힘이 되는지도 모른다. 일생을 새벽 4시에 일어나서 길을 나서는 그의 어깨에 걸린 커다란 연장 가방을 바라보며, 누구보다도 자신에게 주어진 길을 성실히 걸어가는 그를 존중해 주고 싶다.

5

장례식을 치르고 얼마 지나지 않아서 나는 어머니의 강릉 집을 정리하러 내려갔다. 낡고 오래된 어머니의 살림살이는 죄다 버릴 것뿐이었다. 한 사람의 일생 끝에 남은 남루한 세간들이 어머니의 고단했던 일생처럼 허망해 보였다. 문짝이 틀어진 장롱이며 서랍장, 장롱 속의 오래된 이불 따위나 옷가지들은 곰팡이 냄새와 곰팡이 냄새를 없애려고 밤마다 피워대던 쑥 냄새가 뒤섞여 있었다. 더 챙겨 볼 필요도 없이 수거함 차를 불러 정리를 하는 게 나을 것 같다는 생각이 들었다. 불현듯 어머니가 임종 직전 병실에서 했던 말이 퍼뜩 떠올랐다. 어머니는 찬장 바닥이라고 마지막 숨을 헐떡이며 내 귀에다 대고 말했다. 부엌으로 들어서서 서둘러 찬장 문을 열자 낯익은 그릇들이 보였다. 제사나 명절 때 쓰던 그릇들이 빼곡히 쌓여 있었다. 또 다른 칸에는 금박을 입힌 제수용 주전자와 술잔들이 주인을 잃은 모습으로 우두커니 남아있었다. 전혀 이 빈한한 살림에 어울리지 않는 그것은 언젠가 남편이 일터에서 받아 온 것이다. 어머니는 무척이나 그 주전자 세트를 아꼈다. 나는 설마 이것을 나에게 전해 주시려고 한 것인가 싶었다. 하지만 어머니에게는 소중한 그릇들이었는지는 모르지만 이제 와 저러한 것들이 내게 무슨 의미가 있는가 하는 생각에 한숨이 절로 나왔다. 나는 이미 오래전부터 제수용 그릇들을 깔끔하고 편리한 목재기 세트로 바꿀 생각을 하고 있었지만, 어머니의 반대에 부딪혔다.

쌓인 그릇들을 들어내고 바닥에 깔린 비닐장판을 들춰내자 그 속에는 놀랍게도 두툼한 봉투가 있었다. 봉투를 열자 편지 한 통과 등기부 등본과 누렇게 색이 바랜 상장이 들어 있었다.

어머니가 언제부터 이런 것을 남겨두었는지 너무도 의아했다. 나는 떨리는 손으로 접혀있는 편지를 펼쳐서 읽어 내려갔다. 서투른 구어체 어머니의 편지를 읽어 내려가던 나는 어느 순간부터 가슴이 철렁하며 두 손이 바들바들 떨려오기 시작했다.

남편은 어머니의 친아들이 아니었다. 그녀는 스무 살에 남편을 낳은 것이 아니라 갓난아이를 두고 상처한 시아버지의 후처로 들어온 것이었다.

그래서 어린 남편의 가슴에 한을 남기며 공부 대신 돈을 벌어 오라고 학업을 중단시키고 가구공장으로 보내서 일평생을 목수로 살게 했다고 생각하니 괘씸하기 짝이 없었다. 계모에 의해 유린당한 남편의 삶을 생각하니 분하고 원통했다. 어머니에게 쫓겨나 대문 밖에서 울고 있는 열여덟 어린 남편의 모습이 떠올랐다. 어머니는 철없는 시동생들과 가여운 남편을 부탁한다고 했다. 남편이 받은 상장을 가지고 왔던 날은 한없이 울었다며 이 상장을 자신이 죽으면 함께 묻어 달라고 했다.

공부를 마저 못 시켜 한이 맺혔고 큰댁 아이들이 상장을 받아오면 그렇게 부러울 수가 없었는데, 한이 풀린 것 같다고 하였다. 그리고 착한 남편이 더는 죄 많은 자신에게 자주 찾아오지 못하게 죽으면 멀리 갖다 묻어 달라고 했다.

나는 누렇게 바랜 상장을 읽어보았다. 언젠가 남편이 주전자 세트와 함께 받아왔던 기억이 났다. 근로자의 날 모범 근로자라고 받아온 거였다. 그즈음 남편은 남산에서 안중근 의사 기념관 공사를 오랫동안 했던 것 같았다. 그날 나는 상장을 보는 순간 잔뜩 상기된 남편과는 달리 피식 웃음이 났다. 상장을 준 사람이 다른 사람이 아닌 그 옛날 설렁탕집에서 만났던 현장 소장이었다. 어머니는 주전자를 아버님 제사 때 쓰면 좋겠다고 했지만, 상장에는 눈길도 주지 않았던 것 같았다. 그 후로 까마득하게 잊고 살았는데 어머니가 어떻게 여태껏 그것을 지니고 있었으며 얼마나 오랜 세월 동안 그것을 들여다보고 만졌는지 모서리가 닳고 얼룩이 져 있었다.

나는 어머니를 용서할 수 없을 것 같았다. 차라리 아무 말 하지 말고 가실 것이지 이것을 면죄부로 여기고 한세상 그리도 차갑게 살다 가면서 그 비밀을 내게 남기고 간 것이 너무도 원망스러웠다. 그러나 또 한편으로는 어린 오 남매를 두고 홀로 남겨진 어머니가 잃어버린 동생을 평생 기다리며 살아온 버거운 삶의 무게가 가늠되었다. 어머니라고 꿈도 희망도 없었을 것인가. 가난한 남자와 결혼한 같은 여자의 입장으로 이해를 바라며 남은 가족들을 측은지심으로 여겨달라는 유언이 아닌가 싶었다. 소나무가 둘러선 잘 지어진 한옥에서 살아보고 싶었다던 그 꿈을 남편은 곧 귀향하면 이루어 줄 예정이다. 언젠가 어머니는 묘목 시장 앞을 지나다가 소나무 한그루 앞에서 갑자기 걸음을 멈추었다.

-얘야 이것 좀 보아라. 조선 솔이구나!

어머니는 한참을 주저앉아 어루만지다가 중얼거렸다.

-우리 집에 가서 나랑 살자.

그러나 그 소나무는 얼마 지나지 않아 말라 죽어 버렸다. 행여 어머니는 잃어버린 동생과 소나무 아래서 뛰놀던 추억이라도 있었던 것이었을까. 어머니가 그토록 살고 싶어 했던 소나무가 둘러선 한옥. 어머니는 가셨지만, 그 꿈 하나로 남편은 일생을 멈추지 않고 피땀을 흘리며 달려왔다. 걷잡을 수 없는 복잡한 감정이 소용돌이쳤다. 나는 부엌 바닥에 퍼질러 앉아 오래도록 울었다.

남편은 국어책에 나오는 못난 청개구리처럼, 어머니를 먼 곳이 아닌 아버님 산소에 합장했다. 어머님의 기일이 다가온다. 남편은 가끔 전화로 날짜를 물어온다. 통화를 마친 나는 종종 어머니의 편지와 상장을 꺼내서 물끄러미 쳐다본다. 간밤에는 어머님의 산소에서 들었던 산뻐꾸기 울음소리와 함께 편지 속 마지막 말이 밤새 귓전을 맴돌았다.

-멀리 갖다 묻어다오.

큰애가 자주 찾아오지 못하게.

그리고 그 상장도 함께 묻어다오.

유리 천사

임철균

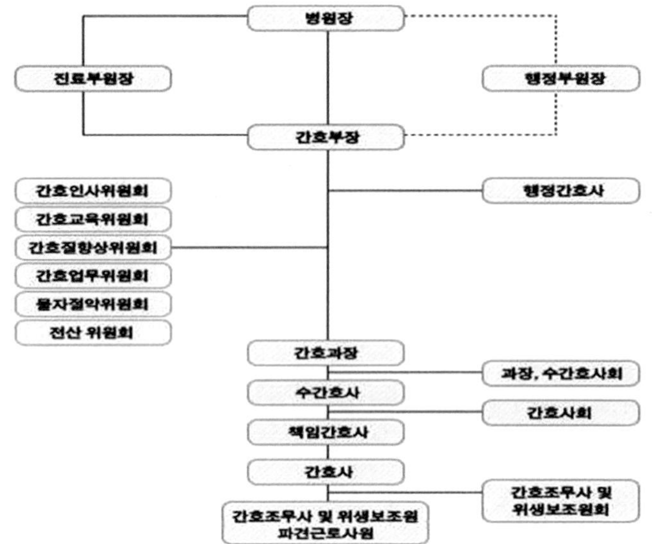

수도권 신도시에 위치한 대학병원. 무채색 본관 건물 앞에 조성된 작은 숲. 그 속에서 날개를 활짝 펼치고 두 손을 가지런히 모은 채 깊은 생각에 잠겨있는 하얀 천사. 기도하는 천사 석상 주위를 둘러싼 메마른 나무들. 한 때 푸르렀던 잎들, 한겨울 매서운 찬바람에 떨어져,

누렇게 퇴색된 모습으로 수북이 쌓여있다.

자그마한 키에 단단한 체구의 김현숙 간호과장이 벽에 부착된 간호부 직급/업무 조직도를 바라보며 생각에 잠겨있다. 서울 본원에 비해 병원 규모는 작지만 본원과 동일한 체계로 이루어진 간호부 직급/업무 조직도.

"안녕하세요, 과장님."

"응. 유리 왔구나."

간호과장실 문을 열고 들어 선 책임간호사 최유리를 간호과장이 환한 미소로 맞아 주었다.

"내일이 엄마 기일忌日이지?"

"네. 그래서, 엄마 뵈러 가기 전에 과장님께 인사드리고 가려고요."

"안 그래도 아까 네 전화 받고 혜란이 생각 하고 있었다."

"……."

간호과장의 입에서 엄마의 이름이 나오자 유리가 말없이 고개를 숙였다.

"그래, 잘 다녀오고. 엄마 만나거든 내 안부도 전해주렴."

"네."

"아, 그러고 보니 유리야. 네가 올해로 몇 년차더라?"

"네? 12년차……인데요."

"맞다. 그렇지. 나도 이제 나이를 먹어서 그런 가 어떤 것들은 가끔 헷갈려서 말이야. 그나저나 석사만 마치고 말거야? 박사 진입 안 할 거야?"

"안 할 거는 아니고요. 석사 때 너무 힘들어 좀 쉬면서 몸이랑 마음 추스르고 다시 하려고요. 박사 들어가면 말 그대로 장기전이잖아요."

"그래? 그럼 됐다. 어차피 니 성격이 서두르는 성격도 아니니 긴 호흡으로 그리하려므나. 혼자 산다고 밥 허투루 먹고 막 그러지 말고. 그러고 보니 올해 종합검진은 받았니?"

"아니에요. 혼자 살아도 저 잘 먹고 잘 살아요. 아, 올해도 종합검진 받았어요. 별 이상 없데요. 제가 워낙에 건강 체질이라 그런가 봐요. 그럼 이만 가 볼 게요 과장님."

"그래. 날 추운데 산바람 맞아 감기 걸리지 않도록 조심하고."

"네."

유리가 고개를 꾸벅 숙이고 나간 후에도 한참동안 출입문에서 눈길을 떼지 않는 간호과장이었다.

*

12월 첫 주, 짙은 어둠 속 주말 밤을 휘젓는 찬바람을 뚫고 간호사들이 종종걸음을 걸었다. 엄마의 산소를 다녀 온 유리가 다른 간호사들과 함께 오르막길인 병원 정문을 들어섰다. 정면으로 바라다 보이는 곳에 우뚝 서 있는 천사 석상을 지나치던 유리가 왼편의 본관 건물에서 가장 먼저 보이는 2층의 불 켜진 간호부장실을 바라다보았다. 훤칠한 키에 중년의 나이답지 않게 늘씬한 몸매의 간호부장이었다. 특유의 날카로운 눈매를 번뜩이며 차가운 금속 안경테 속에서 창밖을 바라보고 있었다. 유리가 고개를 숙여 꾸벅 인사를 하였다. 어두운 밖에서 인사를 하여 못 알아봐서인지 간호부장이 미동도 하지 않았다.

유리가 팔목에 찬 시계를 들여다보았다. 20시 20분. 하루 3교대 근무에서 오전근무(DAY)조는 am7:30-pm15:30, 오후근무(EVENING)조는 pm14:30-pm22:30, 야간근무 (NIGHT)조는 pm21:30-am8:30 근무가 원칙이다. 하지만 간호사라면 누구나 넌더리를 치는 업무인 '인수인계' 때문에 8시간 근무는 허울 좋은 말 뿐이었다. 자신의 공식 근무시간 앞뒤로 업무 인수인계를 하기 위해 짧게는 한 시간에서 길게는 세 시간을 오버타임(무보수 추가근무) 해야 하는 것이 간호사들의 현실이었다. 게다가 간호사 세계에서 악명 높은, 영혼이 재가 될 때까지 태운다는 '태움' 이 공개적이고 공식적이고 합법적으로 일어나는 시간과 상황이기도 했다. 그 결과 특히 신규 간호사나 입사 년차가 오래되지 않은 간호사가 인수인계 상황 속에서의 '태움' 을 견디지 못하고 병원을 떠나는 퇴사의 주요 원인이기도 했다.

유리가 고개를 들어 자신이 근무하는 9병동을 올려다보았다. 얼마 전 10층 건물인 본관 건물의 중앙부분을 대대적으로 공사하였다. 간호사들이 대기하고 의사의 오더(의사의 지시/처방)에 따라 약품을 준비하는 건물 중앙의 스테이션을 모두 투명강화유리로 리모델링한 본관 건물이었다. 무채색 석조건물 중앙의 각 층 스테이션 부분만 투명한 유리로 되어있어 멀리서 보면 병원 건물이 둘로 나누어있는 듯 보였다.

습관처럼 새삼 시간을 확인한 유리가 본관 입구를 바라보았다. 누군가 서 있었다. 김현숙 간호과장이었다. 어둠 속에서 출근하는 각 병동 야간조 간호사들의 인사를 받으며 가볍게 목례 인사를 하고 있었다. 간호과장을 본 간호사들이 걷던 걸음을 더욱 바삐 잿다. 평소에는 한없이 너그럽고 온화한 표정에 간호과장이었다. 하지만 질책을 할 때면 전혀 다른 사람이었다. 한겨울 매서운 찬바람 같은 표정으로 숨 한 자락 쉴 수 없을 만큼 혼을 내는 엄격한 카리스마의 간호과장이었다. 옷매무새를 가다듬은 유리가 간호과장에게 다가가면서 가볍게 목례를 했다.

"부장님도 아직 퇴근 안하셨던데, 과장님도 계시네요?"

"유리가 정신이 없구나. 오늘 신규 간호사들 전체교육이잖아. 30분 전에 끝났어. 그래서 니들 들어오는 것 보고 퇴근하려고. 그래, 엄마랑은? 오랜만에 재미있는 얘기 많이 하고 왔어?"

"네."

"아까 9병동 파트장(수간호사) 선생한테 들으니 요즘 속 많이 안 좋다며? 먼저 번에 내 준 약 잘 챙겨 먹어. 이 직업 우리 끝까지 가려면 무엇보다 몸이 건강해야 하니까 말이다. 아. 그리고 파트장이 집안 상喪때문에 오프(휴일) 끼워서 화요일에나 온다니까 힘들겠지만 빈자리 표시 안 나게 며칠 고생 좀 해 줘."

"네. 걱정 마세요."

"그런데 무슨 EMR(전자의무기록/전자차트) 업그레이드 공사가 12시간씩이나 걸린다니? 수기手記 차팅(의료기록 문서작성) 작성하는 것이 요즘 애들한테는 참 번거로울텐데 말이다."

"귀찮아도 할 수 없죠 뭐. 수기 차팅해 놓았다가 내일 정오 전까지는 공사 끝난다니 그 때 기존 자료와 연결해 놓고 퇴근할 게요."

9층 병동 책임자인 수간호사(파트장)가 4일 연속 자리를 비워 그 다음 직급인 책임간호사(파트장 대리) 유리가 9층 병동을 책임지고 관리해야했다. 고생하라며 간호과장이 유리의 어깨를 가볍게 다독여주었다.

건물의 중앙 엘리베이터를 타고 9층 병동에 도착한 유리가 중앙 스테이션 쪽으로 발걸음을 옮겼다.

"됐고. 다음. 다음. 다음. 아, 진짜 왜 이러니? 너 정말 이런 식으로 일 할 거야?"

짜증이 잔뜩 배인 오유미의 목소리였다. 유리가 발걸음을 멈추었다. 신규 간호사 2명이 9층 병동에 배정되었다. 신규 교육을 시켜야하긴 하는데 그렇다고 자기 일이 줄어들거나 별도 교육수당이 지급되는 것이 아니었다. 오버타임이자 가중업무이기 때문에 어지간해선 자진하여 나서는 일이 아니었다. 원래 3-5년 차 간호사가 맡아야 하는데 중간 년차 인력이 부족하다 보다 경력 7년 차인 오유미와 동기인 서현아가 프리셉티(신규 후임간호사)의 프리셉터(경력 선임간호사)를 배정받았다.

신규 간호사 교육에 있어, 본원에 있던 김현숙 간호과장이 이곳으로 옮겨와 관리하는 병동의 경우 교육 목적과 범위를 벗어난, 너무 심한 '태움'의 사례가 반복적으로 신규 간호사와의 상담에서 나오면, 프리셉터가 일단의 질책을 받게 되어있었다. 그런 까닭에 경력이 제법 있는 간호사들의 경우 어지간하면 프리셉터를 맡지 않으려했다. 유치원생을 대학원생이 가르치는 그런 상황의 연속이기 때문이었다. 하지만 결과적으로 신규 간호사나 저 년차 간호사의 퇴사율이 눈에 띄게 줄어들어 병원경영진에서도 김현숙 간호과장의 관리방침에 딱히 개입을 하지 않았다. 하지만 오유미의 경우 자신이 신규 교육 때 처참하게 당했던 태움의 기억과 습관을 쉽게 버리지 못했다. 그리하여 신규 간호사들이나 저 년차 간호사들 사이에서 오유미는 '공포의 저승사자'로 통했다.

"아가야, 엄마 정말 힘들어. 벌써 2개월이 다 되가는데 아직도 이러면 어떡하니? 네가 무슨 월급루팡이니? 아님 곰돌이 푸우니. 머리는 키가 작아서 그거 커버하려고 얹어 놓은 것 아니잖아. 이래가지고 어떻게 너를 독립시키겠니? 그래 안 그래? 그래서 내가 엊그제 숙제 내줬잖아. 근데 숙제도 제대로 안 해 오고 말이야."

오유미의 목소리 톤이 조금씩 높아짐에 따라 신규 간호사의 얼굴빛이 파랗게 질려갔다. 덩달아 바로 곁에서, 오유미의 대학 동기이자 입사 동기인 서현아에게 인수인계 트레이닝을 받고 있던 신규 간호사마저 얼굴표정이 딱딱하게 굳었다. 발걸음을 멈추었던 유리가 스테이션 쪽으로 발에 힘을 주면서 다시 걸음을 옮겼다. 간호사들이 유리를 보자 일제히 목례를 하였다.

"굿나잇! 이브닝조 막차 시간 놓치지 않게 인계(업무인수인계)다들 서두르자. 유미샘은 교육 중인가 봐?"

유리가 미소를 지으면서 탈의실 쪽으로 발길을 옮겼다. 유리와 눈이 마주친 오유미가 어색한 미소를 지었다.

"알았어. 그럼 다시 한 번 해 보자. 처음부터. 내게 꼭 전달해야 할 사항만……."

유리가 탈의실로 들어가자 오유미의 목소리가 한층 낮아지고 조금 부드러워졌다.

오후 근무조로부터 각 병실 상황 인수인계를 받은 야간근무 간호사들이 바쁘게 움직이기 시작했다. 스테이션의 모든 상황을 빠르게 확인하고 체크한 유리가 다른 간호사들에게 각각 지시를 내렸다. 각 병동이 확실하게 구분된 서울 본원과 달리 수술을 받은 외과계, 수술을 받지 않은 내과계 환자들이 섞여 있는 9병동이었다.

"어이! 이쁜이 아가씨!"

"잠시만요."

901병실. 원래 허드레 물건들을 보관하는 복도 끝에 창고 공간이었다. 다른 병실보다 면적이 넓어 얼마 전 병원 경영진에서 8인실 병실로 바꾼 곳이다. 스테이션에서 멀리 떨어져 있는데다 여러 증상의 남자 환자들이 섞여 있다 보니 간호사들로서는 가장 잰 걸음을 하여야 하는 곳이며 또한 가장 신경이 많이 쓰이는 병실이었다. 그곳에서 교통사고 환자인 삼십대 중반의 박유철이 건너편 906병실에서 다른 환자를 돌보고 있는 오유미 간호사를 부르고 있었다.

"아까 약 드렸잖아요. 그리고 아가씨라고 부르지 않으셨으면 좋겠다고 분명히 말씀 드렸는데."

"아, 이거 왜 이래? 이뻐서 이쁘다고 하는 거고, 시집 안 갔으면 아가씨 아닌가? 혹시 남편 있으신가? 글고 환자가 간호사 부르는 건데, 지금 간호사가 환자한테 이렇게 불친절해도 되는 거야? 아놔. 이 병원 진짜 왜 이래? 휴게실 입구 벽에 민원함 있던데 오늘 밤새워 병원장님께 절절한 연애편지나 한 번 써 볼까?"

병실의 출입문 바로 앞 침상에 누워있는 박유철이 허벅지부터 발목까지 기브스 처치를 한 오른쪽 발가락들을 까닥거리며 오유미에게 이죽거리고 있었다. 건너편 병실의 환자 주사처치를 끝내고 901 병실로 건너 온 오유미가 비스듬히 누워 여전히 기브스 한 발을 까닥거리고 있는 박유철을 내려다보며 입술을 꽉 깨물었다.

"다름 아니고. 침대가 너무 높아 허리가 아파서 말이야. 조금만 낮춰 달라고."

"아까는 너무 낮다고 높여달라면서요? 그리고 침상 높낮이 조절하는 리모컨 찾아서 드렸잖아요."

"리모컨 어디있는가 봐 봐. 침대 아래 저기에 떨어졌잖아. 보다시피 내가 이 다리를 해 가지고 어떻게 저걸 줍겠어."

기껏 침대를 올려달라고 했다가 다시 내려달라는 박유철의 요구였다. 오유미 뒤에서 입을 꾹 다문 채 두 손을 앞으로 가지런히 모으고 서 있던 신규 간호사가 바닥에 떨어진 리모컨을 집으려 앞으로 나섰다.

“저리 가! 내가 그랬지? 지시하는 것만 하라고.”

오유미가 날카롭게 소리쳤다. 순간 신규 간호사가 리모컨을 집으려다 얼른 몸을 다시 일으켜 오유미의 뒤로 가서 다시 손을 가지런히 모으고 똑바로 섰다.

“그만 좀 합시다. 혼자 있는 특실도 아닌데.”

박유철의 건너편 침상에 비스듬히 기댄 채 수북이 쌓여진 신문을 뒤적거리던 사내가 신문에서 눈을 떼지 않은 채 말했다. 오른쪽 허벅지가 깊이 베여 근육과 신경이 끊어진 깊은 자상 때문에 응급실을 거쳐 들어 온 이십대 후반의 김현철이었다. 180센티미터 중반의 키에 단단한 근육질 몸매의 사내였다. 김현철의 한마디에 오유미 간호사에게 계속 집적거리던 박유철이 끙 소리를 내며 참는 모습이 역력했다. 김현철이 뒤적거리던 신문들을 옆으로 밀어놓고 힘겹게 몸을 일으켰다. 환자복 상의 단추 중 위 단추 두 개가 풀어져 있는 김현철의 가슴에서 컬러색 짙은 용 두 마리가 얼굴을 내밀며 꿈틀거렸다. 한 손은 침상 난간을 짚고 한 손은 모서리를 짚은 양 손에 각각 비늘색이 선명한 용꼬리가 팔을 휘감고 손목으로 내려와 꿈틀거렸다. 수술이 끝난 지 며칠 안 된 김현철이 수액선이 꽂혀 있는 손으로 폴대를 밀며 힘겹게 화장실로 향했다. 그런 모습을 잠시 지켜보던 오유미가 몸을 돌려 병실 밖으로 나갔다. 오유미 뒤에 서 있던 신규 간호사가 얼른 복도로 나가 카트를 잡아 밀며 옆에 병실로 갔다.

스테이션 앞에서 서현아가 신규 간호사 진달래와 마주서서 이야기를 나누고 있었다.

“뭐해?”

병실을 돌고 온 오유미가 두 사람을 지나치며 한마디 툭 던졌다.

"아, 시간이 좀 비어서 진달래한테 우리 담당 환자들 교육 좀 하고 있어."

"교육은 무슨. 그냥 몸으로 겪고 깨지다 보면 알지 말라도 알게 될텐데 뭐."

오유미가 시큰둥하게 말을 던지곤 스테이션 안쪽에 약품보관 진열장 쪽으로 갔다. 오유미 뒤에 서 있던 신규 간호사가 어미닭을 따르는 병아리처럼 종종걸음으로 뒤를 따라갔다.

간호과장 호출로 1층에 내려간 유리가 간호과장 책상 앞에 서 있었다.

"네가 보기엔 어때? 오유미 말이야."

간호과장이 자기보다 키가 훌쩍한 유리의 눈을 올려다보며 말했다.

"제가 보기엔 크게 문제가 있어 보이진 않던데요. 성격에 까칠한 면이 좀 있어서 그렇지 상황파악 빠르고 특히 업무에 있어 손이 상당히 빠른 친구에요. 근데 왜요?"

유리가 약간 고개를 갸우뚱 한 채 간호과장을 쳐다보며 반문했다.

"아니, 뭐 잘하고 있으면 됐고. 9병동이 단일병동이 아니다보니 손 빠르고 순발력 있는 RN(평간호사)이 필요할 거라고 부장님이 본원에서 데려 온 친구인데. 그래서 나도 그러시라고 동의했고."

"네, 그 친구 우리병동 배치할 때 그렇게 말씀하셨잖아요. 근데 혹시 제가 모르는 문제가 있나요?"

평소에 허투루 말을 하지 않는 간호과장이 오유미를 거론하자 유리가 간호과장의 얼굴을 유심히 살폈다.

"아니야. 뭐 특별히 문제가 있는 건 아니고. 오유미하고 같은 대학 나온 수술방 스크럽(수술과정을 완전히 파악하고 의사에게 수술기구를 전달하는 간호사) 양정아 알지? 그 친구하고 상담하다 보니까…… 아니다. 하여튼, 잘 지켜보고 뭔 일 있으면 바로 보고 해. 그리고 신규 간호사들 마지막 날 강당 전체교육에 병동교육은 네가 하고 수술실에서는 양정아 투입할 거니까 그렇게 알고 준비 잘해 놔. 알았지?"

"네."

퇴근해야겠다며 간호과장이 일어섰다. 손을 뻗어 자신보다 목 하나는 더 있는 훌쩍한 키에 유리의 어깨를 간호과장이 툭툭 두드렸다.

*

- 코드블루 코드블루 9층 병동. 코드블루 코드블루 9층 병동 …….

새벽 3시 경. 고요한 병원 건물 전체에 낮고 침착한 여자 음성이 방송으로 연이어 빠르게 울려 퍼졌다.

901 병실에서 가장 연장자인 78세 노태영. 집에서 계단을 내려오다 넘어져 다리 골절로 입원을 하였는데 경증 치매환자이기도 했다. 부인이 밤낮으로 항상 옆에 있었다. 그런데 간호사들에게 알리지도 않고 병원 근처인 집에 잠시 들리러 간 사이에 사고가 터졌다.

새벽에 눈을 뜬 할아버지가 배가 고프다며, 누운 상태에서, 부인이 침상 옆 사물함에 놓아 둔 단팥빵 꾸러미를 뜯어 꾸역꾸역 먹은 것이다. 신규 간호사 진달래가 수액을 교체하기 위해 갔을 때 이미 두 개째 빵을 입에 밀어 넣고 있었다. 병실 불이 꺼져있어 처음에는 할아버지가 무엇을 하고 있는지 몰랐다. 수액을 갈려고 들어간 진달래가 들여다보니 무언가를 입에 넣고 있는 할아버지였다. 할아버지 뭐 하세요? 하는데 갑자기 할아버지가 먹고 있던 빵을 마구 입에 쑤셔 넣은 것이다. 놀란 진달래가 말리려는데 내꺼야! 내꺼야! 하며 먹고 있던 빵을

빳길세라 급하게 입에 쑤셔 넣은 할아버지였다. 그러다 갑자기 컥! 컥! 소리를 내기 시작했다.

위급상황임을 직감한 진달래가 할아버지의 기도를 확보하려했지만 거친 저항으로 실랑이가 벌어졌다. 곁에 환자들이 깨어나 웅성거리기 시작했다. 스테이션에 있던 선임간호사 서현아가 병실의 소란스러운 소리를 듣고 뛰어왔다. 상황을 파악한 서현아가 어쩔 줄 몰라 하며 할아버지와 실랑이를 벌이고 있는 진달래를 바로 밀쳐냈다. 입안에 빵조각을 꺼내고 기도를 확보하는 처치를 취하는 사이 다른 간호사들이 병실로 달려왔다. 할아버지의 몸이 갑자기 축 늘어졌다. 서현아가 호흡이 없음을 확인했다. 할아버지의 침상을 병실에서 끌어내 스테이션으로 옮겼다. 서현아가 할아버지의 가슴 위로 올라갔다. 두 손을 모아 할아버지의 가슴을 힘껏 내리누르기 시작했다. 오유미가 당직의사인 오지훈에게 긴급 콜을 넣고 응급상황 매뉴얼대로 자신의 역할인 상황과 시간을 기록하기 시작했다. 다른 간호사들이 환자들의 동요를 막기 위해 최대한 소리를 내지 않으면서 통제를 시작했다. 잠시 후 중앙엘리베이터 문이 열리고 책임간호사 유리와 CPR팀이 동시에 스테이션으로 뛰어 들어왔다. 급박한 스테이션 상황에 어쩔 줄 몰라 하며 서 있는 신규 간호사 진달래의 옷깃을 누군가 잡아끌었다. 스테이션 바로 앞에 있는 905호 병실의 환자였다. 링거바늘을 꽂아 놓은 곳이 너무 아프다며 반창고를 느슨하게 다시 붙여달라는 것이었다. 얼굴이 파랗게 질린 진달래에게 연신 자신의 팔을 들어 보이며 빨리 좀 갈아 달라고 재촉하는 환자였다.

-201X년 12월 xx일, 03시 45분. 노태영(남.78) 사망확인. 당직의사 오지훈.

할아버지가 입원할 때 딱 한 번 병원에 들렀던 아들이 병원의 환자 관리 소흘에 의한 의료사고를 주장했다. 병원 정문 앞에서 부인과 자식 셋을 데리고 플랜카드를 내걸고 시위를 시작했다. 할아버지의 어린 손자들이 병원을 드나드는 사람들에게 울먹이며 유인물을 나눠주었다. 아들 내외가 피켓을 흔들며 있는 힘껏 목청을 높였다. 할아버지의 아들과 병원의 협상이 시작되었다. 할아버지의 주검이 병원 영안실에 방치된 지 5일 째 되던 날, 병원 앞에서 할아버지의 아들 내외와 손자들이 언제 그랬냐는 듯 거짓말처럼 사라졌다.

할아버지 사망 사건에 대하여 감사팀이 가동되었다. 병원장의 친척이자 간호사 최고수장인 간호부장을 제외한 간호과장과 당시 근무한 9병동 야간근무 조에 대한 문책설이 병원 전체에 돌았다.

〈노태영 사망사건 조사위원회〉가 구성되어 관련 당사자들을 한명씩 호출했다. 간호과장이 당시 상황에 대한 불가피성을 역설했다. 당시 9병동 간호사들은 보호자가 없는 상태의 새벽 시간에 발생한 불가항력적인 상황에서 할아버지를 살리기 위해 최선을 다했다고했다. 간호과장의 발언에 간호부장과 친한 관계인, 사망환자 노태영의 주치의이자 조사위원으로 참여한 정형외과 김형욱 교수가 이의를 제기했다. 휴가 중인 수간호사를 제외한, 9병동 책임간호사인 최유리가 당시 병동에 부재했던 상황을 거론하며, 최유리의 책임은 물론 9병동을 관할하는 간호과장의 관리책임을 강력하게 추궁했다. 이에 간호과장이, 병동책임간호사를 부재시킨 것에 대한 책임은 인정하지만, 신규 간호사들 전체교육 마지막 교육 강사로 지정된 최유리는 자신의 지시에 따라 함께 강사로 지정된 수술실 양정아를 만나 교육 내용을 논의하고 있었다고 해명했다.

그러면서 이벤트(병동 내에 일어난 CPR 등 위급한 사건) 당시 수기手記했던 차트에 대한 의문을 제기했다. 상황 발생 당일 병원 EMR 업그레이드 공사 때문에 손으로 기록하였던 당시 상황 차트를 거론했다. 이벤트 당일 수기手記 차팅 된 시간들 중 일부가 수정액을 칠하고 정정되어있는 것에 문제를 제기했다. 노태영 환자 사망을 전후 한 시점의 원본 차트 사진을 찍어 놓은 후 수정액을 벗겨보았다고 했다. EMR 공사가 끝나고 적힌 시간과 다른 시간이 수정액 아래 적혀있었다고 했다. 그러면서 조심스럽게 간호부장의 사위이자 당시 당직의사인 오지훈의 이벤트 당시 9병동 도착 시간에 의혹을 제기했다. 간호과장의 주장은 당직의사인 오지훈의 9병동 도착 시간이, 자신이 직접 파악한 당시 901 병실 환자들과 간호사들의 진술을 종합하여 볼 때, 이벤트 상황의 당직의사로서 늦었다는 것이었다. 간호과장의 이러한 주장에 대하여 김형욱 교수가 해명에 나섰다. 자신의 의과대학 후배이자 제자인 오지훈에게 최신 해외 의료원서 구매 검토를 맡기어 당시 오지훈이 본관과 떨어진 별관의 연구실에 있었다고 했다. 그래서 9병동으로 이동하는데 시간차가 있었을지는 모르나 이벤트 상황에 늦은 것은 아니라고 했다. 이에 당시 매뉴얼에 따라 상황과 시간 차트 업무를 담당한 오유미가 위원회에 출석했다. 매뉴얼대로 상황과 시간을 1차 메모하였으며 상황 종료 후에 그것을 차트에 옮겨 적었다고 진술했다. 당직의사 오지훈의 도착 시간 전후에 수정액을 칠하고 정정한 것이 맞다고 했다. 하지만 급박한 상황 속에서 급하게 흘려 적은 1차 메모의 숫자를 차트에 잘못 옮겼기에 차후 수정액을 칠하고 정정한 것이라고 했다.

위원회의 조사가 마무리되어갈 무렵 간호과장이 사고에 대한 책임을 지겠다며 사직서를 제출했다. 간호과장의 사직서를 놓고 병원 경영진 회의에서 다양한 의견들이 오고갔다. 결론은 사직서 반려였다. 행정직원들과 간호사들에게 관리능력은 물론 인간적인 신뢰를 전폭적으로 받고 있는 김현숙 간호과장이 사직할 경우 직원들의 동요가 염려되었기 때문이었다. 그리고 한편에서 당시 당직의사인 오지훈의 9병동 도착시간과 오유미가 작성하였다는 상황차트의 기록 수정에 대한 의문이 직원들 사이를 떠돌고 있는 것도 사직서 수용의 부담으로 작용했다.

간호과장이 제출한 사직서가 반려된 반면 당시 9병동 책임간호사로서 사고 당시 부재했던 최유리는 감봉 3개월이 결정되었다. 오유미는 사건 당시 매뉴얼대로 자신의 역할을 처리한 정황이 인정되어 문책 없이 넘어갔다. 그러나 당시 할아버지가 사망하던 당일 담당간호사였던 선임 간호사 서현아와 후임인 신규 간호사 진달래는 담당환자 관리와 응급상황에 따른 신속한 조치 미흡 사유로 권고사직이 결정되었다.

*

김현숙 간호과장의 말 수가 눈에 띄게 줄어든 반면 간호부장의 활동이 눈에 띄게 활발해졌다. 서현아와 진달래가 퇴사하고 그 빈자리에 신규 간호사 2명이 충원되었다. 실무책임자인 유리가 최소한 3-5년차 간호사 배정을 건의했지만 대기자 중에 마땅한 인력이 없다는 간호부장의 지시에 따른 인력배치였다. 경험 없는 신규인력 배치로 기존에 있던 9병동 간호사들의 업무량이 오히려 대폭 늘어났다. 유리 또한 예전과 달리 늘어난 담당 환자 수에 아무 것도 생각할 틈이 없었다.

"미라샘, 오늘은 어땠어?"

"글쎄 좀 얼떨떨 해. 보미샘은?"

9병동 근무를 마친 또래의 신규 간호사 2명이 퇴근한 후 카페에 앉아 병원 이야기를 나누고 있었다.

“그러게 대부분 첫날부터 활활 태우잖아? 근데 나는 딱히 태운다는 느낌이 안 들더라고. 너무 바빠서들 그런가? 그리고 원래 우리들 각각 프리셉터 붙는 거 아냐? 왜 차지샘(책임간호사)인 최유리 선생님이 우리를 둘 다 직접 트레이닝 시키지?”

“글쎄. 나도 그게 영 찜찜하기는 해. 원래 차지샘 정도면 우리들 쳐다보지도 않는 위치인데. 그래서 첫날 교육 받을 때 나 숨도 못 쉬고 죽는 줄 알았어. 그런데 뭐 우리보다 워낙에 높으신 샘이라 그런지 몰라도 딱히 갈구지도 않고. 말도 그렇게 많지 않으시고. 하여튼 분위기가 내가 예상했던 것과는 좀 달라.”

“여기 병동은 이렇게 뜸들이다가 나중에 서서히 본격적으로 태우는 거 아닐까?”

“그러게.”

“미라 쌤, 이거 좀 봐 봐.”

“뭔데?”

“어떤 간호사 쓴 글인데. 가장 최근에 자살한 간호사들이랑 태움 사례들 적어 놓았네.”

“…….”

“아, 미라 쌤 어떡해 진짜. 각오는 하고 들어왔지만 새삼 눈물이 난다. 박선욱 간호사 투신자살 이야기 보면 볼 때마다 눈물이 나. 우리 같은 신규였잖아. 그런데 아무리 신규를 태워도 그렇지 ICU(중환자실)에서 이브닝 듀티(근무)를 어떻게 오후 1시에서 새벽 5시까지 16시간 세울 수 있어?

“그런 소리하지 마 보미 쌤. ICU 6년 차 남간(남자 간호사) 선생님이 한강에서 투신자살 한 건 또 어떻고. 하긴 남자 쌤들이 어쩜 더 우리보다 힘들 거야. 자기보다 나이 어린 여자 선임한테 면전에서 대 놓고 쌍욕 들으면, 더군다나 부모님 욕하는 소리 들으면 아마 미쳐버릴 거야. 그래도 그렇지. 6년 차면 진짜 병원 짬밥 먹을 만큼 먹은 연차잖아. 근데도 태움 당하다 자살을, 그것도 한강에 뛰어들어 투신자살을 하였다는 게 너무 충격이야."

"5년 차 서지윤 간호사는 또 어떻고. 오죽하면 유서에 자기 죽으면 절대로 자기가 근무했던 병원으로 데려가지 말라고, 자기 병원 사람들 단 한 사람도 부르지 말라고 남기고 자살했을까. 세상에 5년 차가 슬리퍼 소리 난다고 갈굼 당해 슬리퍼 바꾸고 스마트폰 문자 보니까 5년 차가 선임한테 차트 모서리로 머리 맞고 그랬다잖아. 더군다나 ICU나 OR(수술실)이나 ER(응급실)도 아니고 행정직으로 이동한 지 얼마 안 돼서 자살 했다는 게 난 지금도 이해가 안 돼."

"생각해 보면 그래. 5년 차나 6년 차나 신규나 1년 차나 도대체 우리 세계는 다 그런 거 같아 미라 쌤. 우리 언니가 고양에 사는데 고양쇼핑몰 화장실에서 ICU 근무하는 1년 차 남자 간호사가 링거 꽂고 자살했데, 그 뉴스 보고 나한테 바로 전화해서 엄청 걱정하는 거야. 그래서 괜찮아 언니. 나는 그렇지 않아. 뭐 그러고 전화 끊었는데. 전화 끊고 나니까 갑자기 막 눈물이 쏟아지는 거야."

신규 간호사 두 사람이 이야기를 나누느라 손도 대지 않은 과일 파르페가 스물스물 녹아내리고 있었다.

"보미 쌤아, 어쩌면 우리가 길을 잘못 택한 거 아닐까? 봐 봐. 자살한 간호사들 열에 아홉은 다들 BIG5(상위 랭킹 5개 대형병원)에 근무하는 간호사들이잖아."

"그러게. 남들이 보면 참 그럴듯한 직장인데. 또 남들이 보면 돈도 많이 버는 것 같고."

"벌지. 벌기야. 근데 남들보다 2배 받는 대신 3배, 아니 다섯 배 일을 더 해야만 한다는 게 문제지."

"하긴 그래. 그나저나 대학병원 정도 되면 우리 같은 신규들 경우 어느 정도 교육을 시켜서 현장 투입해야 하는 거 아냐? 근데 왜 선임들한테 우리를 맡겨서 서로 죽기살기를 시키냐고."

"왜 그래 보미 쌤? 간단하잖아. 그러려면 돈 들잖아. 바로 뽑아서 어떻게든 바로 부려먹어야 돈이 되잖아. 그러다보니 버티면 살아남는 거고, 못 버티고 나가면 줄줄이 기다리고 있는 대기자들 중에서 또 뽑으면 되고. 사실 우리도 그래서 이렇게 여기 들어왔잖아."

"그럼 사람 숫자 좀 넉넉하게 뽑든지. 글고 아래 년차들 갈구는 건 그렇다 쳐. 왜 윗년 차가 되었는데도 갈구는 건데? 예비역 남자들 이야기 들어보면 군대에서 가혹행위가 어떻고 하는데 아마 우리 간호사 생활 한 달만 해 보면 차라리 군대는 천국이었다는 거 알게 될 거야."

신규 간호사 유보미와 서미라가 이야기를 주고 받는 테이블 위에 스마트폰이 놓여 있었다. 밝았던 스마트폰 화면이 조금씩 어두워졌다. 어느 간호사의 '태움 이야기' 가 바닥을 알 수 없는 깊은 절망의 늪으

〈내가 겪은 태움 이야기〉

* 태움은 일단 간호대학 입학하고 '대면식' 에서부터 시작된다. 선배는 조상신이며 하늘이다

* BIG5 병원 입사 간호사 절반이 태움을 못 견디고 1년 안에 그만 둔다

* 태움 대상으로 신규 간호사는 기본이자 원칙이고 더 나아가 3년 차, 5년 차, 7년 차, 9년 차를 가리지 않는다.

* 태움 1 - 솔로는 부모 욕하고, 커플은 애인 욕하고, 임신이면 뱃속에 아이 욕한다

* 태움 2 - 내가 단 1분이라도 숨 쉬고 있는 그 자체를 못 마땅하게 꼬나본다

* 태움 3 - 총 수량 800개 맞는데 780개라고 말하면서 몇번이고 다시 세어 20개 빈 거 반드시 찾아내라 한다

* 태움 4 - 일과 끝날 때 비품 감추어서 그거 찾느라 퇴근 못하다 결국 내 돈으로 채워 놓는다

* 태움 5 - 스테이션 안에서는 당연하고 환자들 앞에서 공개적으로 인격을 말살한다

* 태움 6 - 캐비넷에서 물건 다 꺼내 꺼지라고 하고 안 가면 벽 쳐다보고 반성하기 10시간 세운다

* 태움 7 - 물어봐서 대답 못하면 벙어리냐 뭐라 하고, 기껏 대답하면 입 싼년 아가리를 찢어버린다고 욕한다

* 태움 8 - 나를 투명인간 취급하며 바로 내 뒤에서 큰소리로 험담을 한다

* 태움 9 - 가슴 명찰 잡고 흔들면서 휘청거리면 밥도 못 먹었냐고 갈구고, 밥 먹고 있으면 일도 못하는 게 밥은 꼬박꼬박 챙겨 먹는다며 또 갈군다

* 태움 10- 암기 못한다고 차트표에 침 퉷! 뱉어서 내 이마에 착! 하고 때리며 붙인다

* 태움 11 -이간질 시키고 왕따 시키는 것은 그냥 애교스러운(?) 기본에 기본이다

* 태움 12- 툭하면 정수리 찍고 귀 찍어대는 차트판은 차트판이 아니라 흉기 그 자체이다

* 태움 13 - 신체적 구타는 차라리 감사해서 절이라도 하고 싶을 정도의 태움이다(빰 때리기, 코 꼬집고 기타 연한 부위 살 꼬집어 멍들게 하기, 가슴이나 배 때리기, 이마 툭툭 때리기, 구두로 정강이 차기, 고무장갑에 물 채워서 얼린 걸로 때리기 등등)

*태움 14- 밥 못 먹고 물 못 마시게 하는 것은 참겠는데, 생리하는데 화장실도 못 가게 한다

(하얀 바지에 피가 새어나온 것을 남자 환자가 지적해 줄 때 그 기분이란 정말.....)

*태움 15 -막내 때 그 날 먹을 간식 맛없는 것 준비했다고 나 혼자 강제로 다 먹으라 한다

*태움 16- 간호사의 기본인 손씻기 자주 한다고, 한가해서 시간이 남아도냐고 갈군다

*태움 17- 내 듀티(근무표)무시하고 실실 웃으면서 4나이트 1오프 데이로 뺑뺑이 돌린다

*태움 18- 독립할 때 선배들 선물 싼거 사 왔다고 우리가 거지냐면서 바닥에 던진다

* 위 사례들 외에도 너무나 창의적(?)인 방법으로 온갖 태움의 방법을 연구하는 선임에게 당하면서 출근할 때마다 달리는 차에 뛰어드는 상상을 1억 1천만 번도 더 함

로 가라앉고 있었다.

*

할아버지 사망사건이 마무리되면서 병원이 안정을 찾아갈 무렵, 9병동에 또 한바탕 소란이 일었다. 901 병실에 입원해 있던 김현철이 링거 병을 깨어들고 난동을 부린 것이다. 김현철이라는 이름으로 입원한 그의 본명은 서민우였다. 서울의 신흥폭력조직의 행동대장으로 라이벌 조직의 아지트를 습격하여 상대 조직원들에게 중상을 입히고 도피 중인 수배자였다. 그 과정에서 자신도 중상을 입어 치료 겸 도피차 원에서 수도권 병원으로 잠입한 것이었다. 그런 그를 호위하며 병원

근처에서 상황을 파악하고 있던 조직원들이 강력계형사들의 검거작전을 눈치 채고 병실의 서민우에게 바로 연락을 취한 것이다. 하지만 다리가 불편한 그가 탈출에 실패하면서 검거에 격렬하게 저항한 것이다. 그런데, 그가 끌려가면서 오유미의 이름을 거론했다. 가만두지 않겠다고 했다.

"어디 다른 은신처에 있을 줄 알았는데, 대학병원에 입원해 있을 줄은 저희도 짐작을……."

강력계 형사과장이라는 사내가 두 손을 모아 깍지 낀 채 소파에 앉아 주위를 둘러보며 말했다. 병원장과 진료부원장, 행정부원장, 간호부장, 간호과장 등 병원의 최고 요직들이 다 모인 자리여서인지 형사과장의 말투가 매우 공손하고 정중했다.

"그런데, 김현철, 아니 그 서민우라는 환자가 끌려가면서 한 말이 무엇입니까?"

병원장을 중심으로 앉은 참석자들이 침묵하는 가운데 김현숙 간호과장이 가장 먼저 말을 꺼냈다.

"아, 오유미 간호사요. 서민우가 입원해 있던 병동에 근무하고 있다던데?"

"네. 그런데, 제 말은, 그 환자가 왜 오유미 간호사 이름을 거론했는가 물어보는 겁니다."

형사과장의 말에 다시 한 번 딱딱 부러지는 말투로 되묻는 간호과장이었다.

"아, 그게 어떻게 된 거냐면 말입니다. 그러니까, 서민우가, 예전 강남에서 대형룸을 관리했었는데 그때 오유미가 그 곳에서 근무를 했다고 하더군요."

"네? 언제 말인가요?"

사내의 말을 들으며 간호과장이 이해가 되지 않는다는 듯 고개를 갸우뚱하며 반문했다.

"예전에, 그러니까 오유미가 간호대학 가기 전에 종합병원 조무사로 일할 때 알바로 룸을 뛰었나 보더라고요. 간호대학 갈 돈을 마련하고 그랬다는데, 하여튼 뭐 그때 서민우랑 눈이 맞아 동거도 하고 그랬다더군요."

사내의 말을 듣는 간호과장의 입에서 낮은 신음소리가 흘러 나왔다. 간호과장의 바로 옆에 앉은 간호부장의 표정이 눈에 띄게 일그러졌다.

"그 뒤로, 오유미가, 하여튼 머리는 참 좋은가 봐요, 간호대학에 진학하면서 룸을 그만 두었는데, 서민우도 그땐가 좀 지나서인가 하여튼, 폭력사건에 연루되어 교도소에 갔지요. 그때 이후로 두 사람 관계가 어찌어찌 끝났다고 하더군요. 근데, 얼마 전 서민우가 사고를 친 다음 치료도 해야 하고 몸도 숨겨야 하는데, 오유미가 이 병원에서 근무한다는 것을 알아내고 다른 사람 보험카드를 위조하여 입원한 것으로 알고 있습니다."

"그럼, 오유미는, 그 남자가 다른 사람 이름으로 입원한 것을 알고 있었다는 거네요?"

사내의 말을 들으며 입을 굳게 다문 채 연신 고개를 가로 젓던 간호과장이 사내를 올려다보며 다시 또박또박 물었다.

"당연하지 않겠습니까. 어쨌든, 그 사실에 대해서는 다들 모르고 계셨겠죠? 뭐 차후에 저희 서장님께서 병원장님과 다시 말씀 나누시겠지만, 이게 범인은닉죄에 해당하는 거라서……."

얼굴에 야릇한 미소를 띠며 내뱉는 형사과장의 말에 간호과장을 제외하고는 그 누구도 형사과장과 얼굴을 마주치지 않았다.

"아, 저희도 처음에는 서민우가 이 병원에 입원해 있는 것을 전혀 몰랐습니다. 그런데 익명의 제보자가 공중전화로 이 병원에 수상한 사람이 있다는 연락을 해 와서 알게 된 거지요. 인상착의와 문신 모양을 들어보니까 딱 서민우더라고요. 그래서 저희가 바로 출동한 겁니다. 덕분에 잡기는 했지만, 서민우는 자기를 고발한 여자가 오유미일 것이라 생각하고 가만두지 않겠다 그러는데, 글세요. 익명의 제보자가 여자기는 한데, 그게…… 제가 보기에는 정황상 오유미가 신고한 것은 아닌 것 같은데."

형사과장이 정중히 인사를 하고 병원장실을 나갔다.

"도대체 이게 어떻게 된 겁니까? 간호과장, 정말 이 사실 전혀 모르고 있었습니까?"

모두들 말을 못하고 있는 가운데 병원장이 애써 참고 있던 목소리를 높였다. 병원장의 질책에 간호과장이 깊이 고개를 숙였다.

"간호부장, 간호과장이 모르니 당연히 간호부장도 몰랐겠죠? 대답해 보세요. 알았습니까, 몰랐습니까?"

"죄송…… 합니다."

병원장의 높은 목소리에 간호부장 역시 말꼬리를 흐리며 고개를 깊이 숙였다.

"아니, 이게 죄송하다고 해서 끝날 일입니까? 오유미가 누굽니까? 간호사 아닙니까? 그러면, 간호사들에 대하여 모든 책임을 지고 관리감독하라고 당신들이 그 자리에 있는 것 아닙니까? 그런데, 우리 병원의 간호사가, 조직폭력배가, 다른 사람의 이름으로 입원해 있는 것을 도왔는데, 세상에 그것을 두 분 다 몰랐다는 게, 이게 도대체 말이 된다고 생각하십니까? 최소한 간호사들에 관해서는 일거수일투족, 마음속 생각까지 속속들이 다 파악하라고 당신들이 그 자리에 있는 것 아닙니까?"

며칠 후, 오유미의 사법처리와 관련하여 경찰 측에서 먼저 연락이 왔다. 병원의 이미지도 있고 하니 '서민우의 강압에 의한 불가항력' 을 사유로 선처 해 줄 수 있다는 것이었다. 그러나 병원경영진에서 그것은 경찰이 알아서 할 일이라며 일축했다. 병원 측의 강경한 태도에 오유미에 대한 경찰조사가 사법처리 쪽으로 가닥을 잡았다. 간호부장이 친척인 병원장에게 오유미의 사법처리에 대해서 선처를 해 달라고 사정했다, 간호부 총책임자로서 자신의 관리책임이라며 호소했다. 하지만 병원장은 친척의 호소 이전에 자신의 자리가 중요했다. 오유미에 대한 해고가 결정되었다.

해고 이후 경찰에서 추가 조사를 받던 오유미의 입에서, 왜 자신만 억울하게 당해야하느냐면서 폭탄발언이 터져 나왔다. 노태영 CPR 상황 때 담당의사인 오지훈이 병동에 실제 도착한 시간과 다른 시간을 자신이 조작했다는 것이었다. 사실은, 이벤트 이후 간호부장이 자신을 따로 불러 상황보고를 들은 후 자신을 만난 사실을 발설하지 말라 당부하며 자신의 사위인 오지훈의 병실 도착 시간 조작을 직접 지시했다는 것이었다. 오유미의 발언은 그에서 그치지 않았다. 야간 근무 때 당직실에서 오지훈이 개인 노트북으로 해외 사이트의 불법 인터넷 도박하는 것을 자주 보았다고 했다. 정형외과 김형욱 교수 또한 간호부장의 부탁에 의하여 CPR 상황 때 오지훈이 연구실에 있었다고 거짓진술했을 것이라 했다. 더 나아가 간호과장 그리고 최유리 간호사의 업무상 문제점이 보이면 즉시 자신에게 직접 보고하라는 간호부장의 지시가 있었다고 했다. 그 대가로 석사학위를 받을 수 있게 배려를 해 주고 향후 책임간호사 승급에 우선권을 받기로 했다는 폭로를 한 것이다.

오지훈의 노트북이 압수되는 과정에서, 오유미의 말이 전해지면서,

병원이 발칵 뒤집혔다. 경찰의 컴퓨터 전문가가 오지훈의 노트북 로그인 기록을 세밀히 점검했다. 사실이었다. 해외에 서버를 둔 도박 사이트에 접속하고 돈이 오고 간 기록이 수없이 남아있었다. 고스란히 남아있는 로그인 기록은 노태영 CPR)상황이 발생하던 시각에 거액의 돈이 도박 사이트로 넘어가고 있음을 보여주었다. 더군다나 그 도박 사이트는 이미 경찰 측에서 오랜 기간에 걸쳐 내사중인 곳 중의 하나였다. 경찰이 내사로 확보한 거액 송금자 명단에 이미 '오지훈' 이라는 이름이 명단에 올라있었다. 오지훈의 인터넷 도박이 워낙 거액인데다 함께 적발된 다른 사람들과의 법적 형평성 때문에 경찰도 형사처벌을 할 수 밖에 없는 상황에 이르렀다. 경찰 조사를 받던 오지훈이 의료업무 과중에 따른 자신의 정신병리학적 증세를 밝히며 선처를 호소했다. 장모인 간호부장이 자신의 심각한 도박중독 사실을 오래전부터 알고 있었다고 진술하면서 현재도 치료받고 있다는 정신의학과 기록과 소견서를 제출했다.

간호부장이 사직서를 제출했다. 간호부장이 병원을 떠나는 날, 직원들은 물론 친척인 병원장마저 철저히 등을 돌렸다.

할아버지 사망 사건으로 해고되었던 서현아가 유리를 찾아왔다. 대학병원 급에 준하는 규모의 종합병원에서 근무하게 되어 인사차 들렀다고 했다. 유리에게 그 동안 병원에서 일어난 일들을 말없이 들었다. 고개를 끄덕이며 듣고 있던 서현아가 조심스럽게 입을 열었다.

"유미는 제가 모르는 줄 알고 있었겠지만, 그 남자, 입원한 후에 계속 보다보니까 기억이 나더라고요. 유미가 간호대학에 들어오고 나서 몇 번 우리학교에 그 사람이 왔었거든요. 고급 차를 몰고 학교 앞에 서 있던 훤칠한 키에 남자여서 기억해요. 그때 그 사람 보면서 수술방 양정아도 그렇고 우리 동기들이 무척 부러워했었지요. 그래서 간호과장님 개인 면담 때 이런저런 이야기하다가 조심스럽게 말씀드렸는데, 그 때 간호과장님께서 다른 사람에게 절대 발설하지 말라는 당부를 하셔서 선생님께도 말씀을 못 드렸어요. 아, 얼마 후에 취업하는 병원에 진달래도 함께 가요. 간호과장님 아니, 이제는 간호부장님께서 그 병원에 전화도 해 주시고 추천서도 써 주셔서……. 최유리 선생님, 수간호사 진급하신 것 정말 축하드려요."

*

"내 전임자인 간호부장 그 선배가 졸업반 때였어. 간호대학 최고 선배로서 자기 자랑도 하고 또 새로 사귄 남자친구 자랑도 하는 자리에 신입생인 후배들 몇 명이 들러리로 나간 적이 있었어. 그런데 선배의 남자친구가 너의 엄마를 보고 반한 거야. 물론 너의 엄마는 끝까지 거절하고 피했지. 그런데 그 사실을 알게 된 선배가 그것 때문에 남자친구와 싸우고 헤어진 거야. 악연의 시작이었지"

본관 건물 2층에 자리한 간호부장실. 커피 잔을 앞에 놓은 유리가 김현숙 간호부장의 이야기를 말없이 듣고 있었다.

"이 병원에 친척이 있는 그 선배가 먼저 이곳에 들어왔지. 그리고 졸업 후에 너의 엄마와 나도 어렵게 경쟁률을 뚫고 들어왔고. 그런데 그 선배는 년차에 맞지 않게 이미 병원 내에서 상당한 파워를 가지고 있었고 자진해서 너의 엄마 프리셉터를 지원했어. 그 때 나는 바로 느꼈지. 아, 이건 아닌데……. 네가 알다시피 난 보기보다 눈치도 빠르고 손도 빨라. 간호대 학생회장을 해서 깡다구도 있고. 하지만 너의 엄마는 그렇지가 않았어. 그거는 알고 있을 거야. 내가 간호대 학생회장 나갈 때 너의 엄마가 나의 런닝-메이트였던 것. 너의 엄마는 나와 이미지도 전혀 다를뿐더러 매우 섬세한 감정을 가진 사람이었어. 우리가 당선되고 나서 너의 엄마가 제일 먼저 한 일이 뭔지 알아? 간호대 학년간 규율 중에 악습 몇 가지 없애는 캠페인을 한 거였어. 후배들이야 당연히 좋아했지만 동기들과 선배들, 하다못해 교수님들까지도 마뜩찮아 했지. 하지만 결국에 너의 엄마는 바꾸어 내더라고. 그래서, 아마도, 너의 엄마는, 병원 현장에서도 그렇게 할 수 있을 것이라고 생각한 것 같아. 하지만 학교와 병원, 이상과 현실은 달랐어. 너의 엄마는 프리셉터인 내 전임자 선배에게, 우리 간호사 세계에서 태움이라는 이름으로 상상할 수 있는 모든 태움을 다 당했지. 오죽하면 내가 너의 엄마에게 제발 좀 이 병원에서 나가달라고 했을까. 그런데도 너의 엄마는 온 몸과 마음이 만신창이가 돼가면서도 버텼어. 그렇게 태우고 태우고 또 태워 영혼의 마지막 끝자락까지 태우는데도. 그래. 너무 힘들었어. 너의 엄마. 보는 것 자체가 정말 고통이었어…… 나야 원래 남자에 관심이 없어서 지금껏 이렇게 독신으로 살고 있지만 너의 엄마는 나와 달랐어. 환자로 만난 너의 아빠와 사랑에 빠졌지. 그리고 임신 번호 순서에 따라 너를 가졌어. 하지만 그 선배는 엄마와 너를 고이 두지 않았어. 그 때 난 분명 네가 유산될 거라고 생각했어. 그런데 너의 엄마는 끝내 모질게 너를 낳았고 이렇게 너를 예쁘게 키웠어."

고개 숙인 유리의 얼굴을 타고 내린 눈물방울이 커피 잔 속으로 툭툭 떨어졌다.

"그렇게 당해놓고도 너의 엄마는 어린 간호사들에게 결코 싫은 소리를 하지 않았어. 위에서 당한 것을 아래로 내 뱉지 않고 오직 자신의 속으로 삼켰지. 그래, 지금 생각해보면, 너의 엄마는 암이 생길 수밖에 없는 천성을 가진 사람이었어. 유리야. 이제야 고백하지만 너의 엄마가 어느 날 나에게 〈간호사 노조〉 이야기를 할 때, 그 때…… 나는 너의 엄마를 외면했어. 병원은 간호사들을 일회용 원료로 태우지 말라는 말에 심장은 공감하는데 머리가 공감하지 않았어. 결국 너의 엄마는 자신의 생각을 실행에 옮겨보지도 못하고 이 병원을 떠나야만 했고, 나는…… 비겁하게 살아남았지. 물론 그 어느 병원에서도 엄마를 채용해 주지 않았고. 그렇게 너의 엄마의 간호사 생활은 끝이 났지. 게다가 너의 아빠마저 다른 여자와 함께 너와 병석에 누운 엄마를 버리고 그렇게 떠나갔고."

오르막길 위에 우뚝 선 무채색 병원 건물 위에 하늘이 온통 잿빛으로 가득 차 울렁거리고 있었다.

"유리야, 기억하지? 너의 엄마 마지막 떠날 즈음에는, 네가 간호사 되는 것을 극구 반대했던 거? 자신이 당했던 고통을 너에게 물려주기 싫어 그랬다는 거 알아. 하지만 나는 아니었어. 너의 어릴 때부터의 꿈을 꼭 이뤄주고 싶었어. 네가 나중에 왜 나를 적극 말리지 않았냐고 할지라도 말이야. 너의 엄마 떠난 후에 네가 간호대학 마칠 수 있게 해준 거. 빚이라고 생각하지 마. 너의 엄마에게, 내 친구에게, 어떻게든 갚아야 할 빚을 대신 너에게 갚은 것뿐이니까. 그리고…… 넌 내 친구의 유일한 딸이자 또 나의 유일한 딸이기도 하니까."

고개를 숙이고 있던 유리가 입술을 꽉 깨물며 두 손으로 젖은 얼굴을 쓸어내렸다. 고개를 들어 하얀 천장을 바라보았다.

"간호사라는 직업이 그래. 사람들이 흔히 그러지. 우리를 가리켜 '백의의 천사' 라고. 하지만, 알고 보면, 아주 부숴지기 쉬운 유리같은 존재이지. 맑고 투명하여 아름답고 순수하게 보이지만, 항상 환자들의 상처를 어루만지고 치료하지만, 한편으론 깊은 상처를 너무 많이 받는 직업이야. 환자들의 상처를 치료해 주면서 정작 자신의 상처는 알지 못하고 치료도 못하는, 너의 엄마처럼, 내 전임자처럼, 어쩌면 그게 우리들의 업보業報이고 숙명宿命일지 몰라."

성탄절 노래 소리가 들려왔다. 온통 잿빛으로 울렁이던 하늘에서 하얀 눈송이가 흩날리기 시작했다. 간호부장실 창가에 정면으로 바라다 보이는 천사 석상 주위로, 두 손을 모아 기도하는 하얀 천사의 날개 위로, 소담스러운 흰 눈이 소리 없이 내려앉고 있었다. ▪

변명과 타협

채 수 원

덩치 큰 두 사람에게 들리다시피 건물 뒷편 주차장으로 끌려갔다. 거기에는 고물상도 안 가져갈 검은색 지프차가 놓여 있었다. 운전석 옆에 팀장인 듯한 검은 선글라스를 낀 사람은 무표정했다. 뒷좌석에 두 사람 사이에 찌그러지듯 껴 앉았다. 갑자기 기운이 빠지는 것을 느꼈다.

9시 뉴스 시간마다 검은 선글라스를 낀 대통령이 보였다.

“무한 경쟁의 국제 사회에서 살아남으려면 힘 있는 기업이 필요합니다. 천 마리의 토끼보다는 한 마리의 사자를 키워야 나라를 지킬 수 있습니다. 작은 희생은 감수해야 합니다. 훗날 기업은 국민의 노고를 잊지 않을 것입니다.”

사실 나도 사자 편에 가까웠다. 열 명 중 한 사람 꼴로 들어간다는 대학생이기 때문이다. 하지만 그 가치는 느끼지 못했다. 주변에 대학을 포기한 사람은 없었다. 그저 일류냐 아니냐만이 존재했다. 사회문제연구 동아리에 들어간 것은 대학생이라면 이런 것도 한 번 맛보아야 한다는 가진 자의 사치를 누리기 위해서였다. 쓴 맛을 알아야 단 맛의 달콤함을 더 느낄 수 있는 법이다.

버스로 한 시간도 채 안 걸리는 남가좌동 판자촌에 첫 현장 체험을 갔다. 누런 오물과 음식물 쓰레기가 널린 공동 우물터, 공장에서 흐르는 쾌쾌한 물 냄새 나는 개천에서 빨래를 하는 아낙네들. 쥐가 썩어가는 도랑에서 첨벙대며 노는 때 묻은 어린이들을 보았다. 성스럽게 생각했던 여성의 정조는 자장면 한 그릇 값에 팔리고 있었다.

"한 사람이 배불리 먹으려면 훨씬 많은 사람이 배고픔을 견뎌야 해."

선배의 이 말이 이제야 조금씩 다가왔다. 나만 잘 먹고 잘 사는 것이 미안했다. '함께 사는 세상' 이란 번지르르한 말을 하지만, 그 '함께' 에는 내 가족과 친척, 내 학교와 친구로 좁혀져 있었다. 가족과 함께 지내는 식모조차 '우리' 속에서는 늘 빠졌다.

그 동아리에서 만배와 해니를 만났다. 우리는 사회과학 분야와는 연관이 없는 전공인 것이 가까워지는 계기가 되었다. 해니는 나처럼 중산층 출신으로 고생은 해 본적이 없는 야들야들한 인상이었다. 반면 만배는 지방에서 올라와 입시생 집에 입주 가정교사로 학비와 생계를 유지하는 촌놈이었다. 각박하게 살고 있는 그였지만, 남을 배려하고 상대의 장점을 보려는 점이 좋았다. 어떤 친구는 가난이 그의 자산이다라고 비꼬기도 했다. 그 말을 전해들은 그는 이렇게 말했다.

"맞아. 개천에서 난 용이야. 빈농의 아들이 이 대학에 입학한 것은 보통일이 아니지. 우리 집은 가난해. 그래서 이런 세상을 몸으로 가슴으로 느끼며 살아왔지. 사회란 이해 당사자가 바꿀 수 있는 것이 아니야. 공정한 심판자가 필요한데 아직 이해득실에 물들지 않은 부류는 대학생들 밖에는 없어."

나는 만배처럼 잘못된 것을 바로잡겠다는 용기나 숭고한 정신은 없었다. 아마도 졸업을 하고 취직을 하면 다른 사람들처럼 돈의 노예가 될 것이다. 그때까지 '사회 정의' 를 운운한다면 30대가 지나서도 히피 사회를 벗어나지 못하고 사회생활을 접은 정신적 위선자가 될 것이라고 생각했다.

어느 날 소주를 앞에 놓고 취한 해니는 말했다.

"정의와 출세 중 어느 것이 선과 악인지는 구분하고 싶지 않아. 타협을 하여 위에서 던져주는 꿀떡이나 받아먹으며 행복한 배부른 돼지가 정말 나쁜 걸까? 나는 어느 선택을 해도 부끄럽지 않은 세상에서 살고 싶어."

"맞아. 우리에게 사회문제란 한번쯤 스쳐 갈만한 과정에 불과할 거야. 이제는 상류층의 일원이 되어 특권을 누리고 싶어. 어려운 이들은 애써 못 본 척하고 나만 잘 먹고 잘 사는 게 행복일 수도 있겠다는 생각이 들어. 그 열렬하던 선배들도 같은 생각이었어. 학년이 올라가면서 빠져나가는 것 봤잖아."

그랬다. 약자를 위한 삶에 대한 확고한 신념을 가진 애들은 많지 않았다. 한동안 갈등을 겪은 후 나도 다른 애들처럼 취직을 위한 전공 공부에 열중했다. 자기 합리화를 위해 양심을 속일 핑계는 필요했다. 이제는 '강자 속에 들어가 변화를 이끌어 보겠다.' 는 그럴듯한 변명을 만들어냈다. 운동권 출신 선배들 중에는 같이 활동하던 동료들도 잡아넣는 공안 공무원이 되면서도 이와 똑 같은 변명을 했었다.

혼자 동아리를 빠져나오는 것보다 해니와 함께 그만둔다면 양심이 조금은 희석이 될 것 같았다. 이렇게 솔직하게 터놓을 수 있는 사람은 그녀 밖에 없었다. 이런 공감대 속에서 보호해주고 또 보호받고 싶어졌다. 나는 둘만의 비밀을 만들었다고 믿었다.

만배는 선배들과 함께 시내에서 데모를 계획하고 있었다. 그는 우리에게도 참여하자고 했다. 하지만 이미 마음이 떠난 나는 위험한 유인물을 돌리고 싶지 않았다. 당연히 그녀도 그럴 거라고 생각했다. 그런데 아니었다. 이 일을 마치고 가벼운 마음으로 떠나자며 나를 설득하려 들었다.

지난 학기에 들통이 난 데모 주동자들이 끌려가서 고통을 당했고 또 나와서도 계속되는 감시에 힘겨워 하는 것을 보았다. 정신무장이 단단한 그들이었는데…….

"난 이번 학기말에 군대에 가야해. 데모하다가 그곳에 끌려간 애들이 지뢰 탐지하고 있다는 소문 들었지? 다치거나 죽어도 직업군인이 아니어서 보상도 없어. 일생 다리를 절거나 죽은 애들도 있다잖아"

나를 이해해주리라 믿었던 그녀가 버럭 화를 냈다.

"사내 자식이 그것도 못하니? 마지막으로 해 주고 떠나자는데, 여자인 나보다 못한 비굴한 자식."

그녀는 자리를 박차고 일어나 커피 값을 나에게 던지고는 다방을 뛰쳐나갔다. 주위의 사람들은 사랑싸움인 듯 호기심 찬 눈으로 바라보고 있었다. 이렇게 당해야 할 만큼의 큰 잘못을 저지른 것인지 혼란스러웠다.

해니는 만배에게 동정심을 가지고 있었다. 이것을 사랑으로 받아들이는 그 때문에 괴롭다고도 했다. 이를 정리하려면 시간이 좀 걸릴 거라고 말했다.

만배와 이별하기 전 마지막으로 도와주고 싶었나보다. 그 속마음을 알고서야 미안한 감이 들었다. 그 이후 그녀는 만나자고 해도 바쁘다며 거절했다. 데모 당일 해니와 만배가 한 팀으로 YMCA 근방에서 유인물을 나누어 준다고 들었다. 아침에 유인물 배분이 끝나고 담당 지역으로 흩어졌다. 나는 학생회관 식당에서 점심 식사를 하는 중에 창문으로 경찰차들이 들이닥치는 것을 보았다. 얼마 후 학생회 임원진 몇 명이 수갑을 채운 채 잡혀가고 있었다. 유인물 배부에 참가하기 않기를 잘했다고 생각했다. 하지만 해니를 보호해야하기에 택시를 잡아타고 YMCA로 달렸다. 데모 집결지인 광화문을 지날 때에는 이미 데모 저지 작전이 펼쳐지고 있었다. 전경과 사복경찰들이 소지품 검사를 하며 학생들 진입을 막는 것이 보였다. YMCA 앞에 내렸다. 해니를 찾아 헤매었다. 두리번거릴 때 호루라기 소리와 함께 경찰의 고함소리가 들렸다.

"저 빨갱이 년 잡아라."

사람들은 재미난 구경을 하고 있었다. 경찰이 가는 방향 앞쪽에는 한 여학생이 유인물 뿌리며 달아나는 것을 보았다. 해니인 것을 직감했다. 그 쪽으로 달렸다. 맞은편에서도 전투경찰이 서넛이 달려와 중간에서 잡힐 것만 같았다. 그 때였다. 길 건너 쪽에서 한 학생이 손확성기를 들고 목청을 높였다.

"독재자는 물러가라! 양심수를 석방하라! 석방하라!"

그는 해니가 도망가는 반대쪽으로 달려가며 구호를 외쳐댔다. 낯익은 그 목소리는 만배였다. 해니 쪽으로 몰려가던 경찰들은 모두 길 건너 쪽에 있는 그를 향했다.

나는 해니를 향해 소리쳤다.

"유인물을 버리고 다음 골목으로 튀어. 경원집으로 가자!"

단골인 주인아줌마의 배려로 어두워질 때까지 이층 창고에 숨어있었다. 만배의 용감한 행동에 질투심을 느꼈지만 그녀에게 말을 안 할 수는 없었다.

"네가 경찰을 피할 수 있었던 것은 나 때문이 아니라 만배 때문이야. 네가 쫓기는 것을 보고 도망갈 길을 터주기 위해 마이크로 경찰들을 유인한 거야. 그 놈은 진짜 수놈이야. 나는 네가 달아나는 쪽으로 가서 안내를 했을 뿐이고.”

“진짜? 나 어떡하면 좋아.”

그녀는 한참을 흐느꼈다. 그리고는 나를 바라보며 말했다.

“그가 불쌍해 나 때문에. 그런데 너는 어떻게 그곳에 있었어?”

“난 네가 이곳에 배정되었다는 소리를 들었고, 점심 식사 중에 주동자들이 잡혀가는 것을 보고는 너를 피신시키러 온 것뿐이야.”

“네가 그렇게까지 나를 생각해 주는지 몰랐어. 고마워.”

이일이 있은 후 해니와 나는 예전 관계로 돌아왔다. 하지만 해니 대신 만배가 잡혀간 것은 또 하나의 빚으로 남았다. 다음 날 그는 팔에 붕대를 감고 절뚝이며 학교에 나타났다. 경찰에 잡혀가서 흠씬 두들겨 맞고는 아침에 훈방되었다. 주동자로 분류되지 않은 것은 다행이었다.

나는 입대하기 전까지는 활동을 하지 않았다. 선후배들이 군대에 가서 불이익을 받는다며 조용히 있으라고 했다. 몇 달 후 머리를 깎고 논산 훈련소로 들어갔다. 해니도 한 학기 정도 활동을 하다가 취직 준비를 시작했다. 졸업 후 직장에 들어가 내가 휴가를 나오면 술을 사 주었다. 만배에게도 그랬을 거다.

군 입대를 하고서야 선배가 말했던 대학이란 10%에게만 주워지는 특권임을 실감할 수 있었다. 부대에도 대학 문턱을 밟아 본 사병은 많지 않았다. 간혹 고학력이라는 이유로 시기를 받기도 했지만 결국은 좋은 보직을 받게 되었다. 그것이 권력이 되어 힘없는 사병들을 힘들게 할 수도 있었다. 사회의 부정이란 고학력자들이 군대에서 비리를 배워 사회에 전파하는 부분도 적지 않음을 느꼈다.

제대를 했다. 군대에 갔다 오면 사람이 된다고 했다. 문제가 생기면 무슨 수를 써서라도 무마하는 능력 또 상사를 깍듯이 모시는 것도 포함되었다. 그러기 위해 생기는 비리는 군대처럼 사회에서도 용인되었다.

나도 거기에 동참을 했다. 밥줄이 문제이지 사회가 어떻게 돌아가든 상관할 바가 아니었다. 졸업을 하고 다른 직장인처럼 출세에 목 매이는 인간으로 변했다. '직장을 위해 사생활을 버리라,' 는 상사의 말에 큰 의미가 있다고 생각했다. 밤늦게 퇴근하고 주말 근무도 마다하지 않았다.

가끔 마산 공장에 출장 갈 때 15살도 안된 어린 여공들이 기계처럼 밤낮 일하는 것을 보고도 잘못되었다는 생각은 애써 지워버렸다. 신입생 때 판자촌에서 자장면 한 그릇에 몸을 파는 창녀들보다는 행복할 거라는 핑계를 만들었다.

만배도 제대 후 졸업을 하고 취직을 하였다. 그는 나와 달랐다. 직장생활을 하면서도 틈만 나면 소외된 이들을 도우려 애썼다. 언제부터인가 동아리 졸업생 모임에도 나오지 않았다. 그는 노동 현장에 들어가 직접 아픔을 함께 하겠다고 했다. 퇴근 후에는 배관과 보일러공이 되기 위한 훈련을 받고 있었다. 자격증만 따면 사표를 내고 위장취업을 한다고 말한 적이 있다.

"너도 약한 자를 잊지 않았으면 좋겠어. 기회가 닿으면 같이 일을 하자."

"고마워. 그런데 나는 너 같은 이상은 가지지 못했어. 한때 그렇게 생각했었지만 지나간 과거일 뿐이야. 네가 생각하는 바를 이루길 바랄께. 보통 사람들처럼 사는 것이 나의 역할 같아. 해니도 평범한 여자의 길을 걷고 싶어 해."

이것이 만배와 함께 못 할 벽이었다. 그 때 그는 많이 섭섭해 했다. 우리가 그에게 함께 떠나자고 했을 때, 약자를 위한 삶에는 변함이 없다며 거절했다. 후배들이 우리에게 배신자라는 눈길을 보낼 때도 그는 우리를 두둔해 주었다.

어느 날 그를 만났다.

"이제 내가 생각하는 바른 길로 가야 할 때가 되었어. 어제 회사에 사표를 냈고, 다음 달 초부터 구로 공단의 한 공장의 배관공이 되는 거야. 이 길이 고난의 길 일 수도 있어. 하지만 내 신념을 믿어. 혹시 나 때문에 피해가 갈 수도 있으니, 이제부터 연락을 끊어야 해. 이해해 줘."

말린다고 그만둘 그가 아니기에 성공을 빌어주었다.

얼마 지나지 않아 이십 년 가까이 세상을 주무르던 검은 선글라스의 대통령이 측근의 총에 맞아 젊은 여인의 무릎에서 숨을 헐떡였다. 그리고는 국상을 치르자는 말도 들렸다. 이제 독재에서 벗어나 세상이 바뀔 거라고 했다. 얼마 후, 한남동 공관에서 총성이 들리며 또 세상이 뒤집혔다고 했다. 따뜻함이 묻어나던 그 다음 해 봄날, 빨갱이들이 남쪽에서 반란을 일으켜 토벌했다고 했다. TV에서는 이마가 넓은 장성한 사람이 설쳐대고 있었다.

세상이 미쳐 날뛰건 말건 나는 업무에 충실 했다. 승진도 했다. 바쁘다는 핑계로 해니와 자주 만나지는 못했지만 전화 통화로 만배 소식을 간간히 들을 수는 있었다. 다행이었다. 무소식이 희소식이었다.

대통령의 처갓집 주변에서 말썽을 부려 세상이 떠들썩해 졌다. 여러 가지 비리에 저질렀다는 것이다. 이런 일은 해방 후 늘 있어온 일이기에 무감각했다. 내가 태어나서 부패에서 벗어난 적은 한 번도 없었다.

어느 날 해니는 떨리는 목소리로 전화를 했다.

"만배가 구로공단 파업 주도로 쫓기는 수배자가 되었어. 하필이면 대통령 처갓집과 관련이 있는 기업이라지 뭐니. 그러니 그냥 둘리가 없지. 너만 알고 있어."

"알았어. 만배는 발이 넓으니 쉽게 잡힐 리 없지. 너무 걱정하지 말자."

며칠 후 해니에게서 또 전화가 왔다.

"어제 만배의 동료에게서 연락이 왔어. 그의 주변은 다 감시 대상이기에 도와 줄 사람이 없어 고생을 하나 봐. 나에게 부탁 한 것이 있어. 내일 교복을 구해 그를 고교생으로 변장시켜달라는 말을 너에게 전해달라고 했어. 마음이 내키지 않으면 안 해도 된다면서……. 네가 못한다 해도 나는 이해할 수 있어. 부담스러워 하지 마."

순조로운 내 직장생활에 이 말이 부담이 안 될 리는 없었다. 하지만 유인물 배부를 거절했던 것은 두고두고 마음의 빚이었다. '비굴한 자식' 이란 말까지 해니에게서 들었다. 그 일을 조금이라도 만회하고 싶었다. 그래야 마음이 편할 것 같았다.

"이 정도도 못해준다면 사내가 아니지."

해니에게 호기 있게 대답을 해 주었다. 그녀는 몇 번이고 고맙다고 했다.

"나 비겁한 놈은 아니지?"

"아직 그 일을 잊지 않았구나. 넌 아직 속이 좁아. 아니야, 농담이야. 너 너무 멋져."

그녀답지 않게 호들갑을 떨었다. 이러는 것은 그녀의 마음 한 구석에 만배가 있기 때문이라고 느꼈다.

옷을 갈아입히고 버스를 태워주는 정도의 역할은 별로 어렵지 않을 거라고 생각했다. 퇴근 시간 후 그에게 교복을 입히고 버스 정거장에서 기다리는 해니에게 인도하면 끝이다. 마침 체격이 비슷한 막내가 졸업한지 얼마 안 되어 적당히 헌 교복과 교모가 있었다.

그날 밤이 되자 혹시 이 건으로 연류 되지는 않을까 걱정이 되었다. 해니의 부탁을 받아준 것이 후회가 되었다. 비겁보다 더한 욕을 해도 거절했어야했다. 새벽이 되었지만 조바심에 잠을 청할 수 없었다. 내가 잡혀가면 그동안 쌓았던 경력이 재가 되어버린다. 많은 것을 포기하며 회사에서 인정을 받았는데…….

'나의 피해를 최소화하는 방법은 신고하는 것뿐이다. 어쩌면 더 빨리 출세하는 길일 수도 있다. 아니다 나는 더 이상 비겁하게 살고 싶지 않다.' 라는 두 생각이 주변을 맴돌았다. 날이 밝아질 때야 이렇게 정리했다.

"이제 더 이상 비겁할 용기도 없다. 인간 말종이나 할 수 있는 짓을 할 자신도 없다."

길어야 10분이면 끝날 일이니 그냥 하기로 마음을 다독였다. 제대로 자지도 못하고 출근했다. 아침에 정성껏 준비했던 교복을 두고 나와 되돌아가 가지고 왔다. 일이 손에 잡히지 않았다. 점심도 걸렀다. 시간이 다가오자 별의별 불안한 생각들이 다 스쳐갔다.

마지막 금요일은 과 회식이 있는 날이다. 직원들은 7시에 모두 나가버렸다. 나는 외국에서 전화를 기다린다며 나중에 합류하기로 했다. 드디어 만배에게서 전화가 왔다. 수위가 식사하러 간 사이인 저녁 7시 반에 사무실로 올라오라고 했다.

문을 열고 들어온 만배는 전보다 말라 보였다. 쫓기는 몸이니 제대로 쉬지도 먹지도 못한 것 같아 애처로웠다. 그를 감싸 안았다. 눈물도 찔끔 나왔다. 잠시나마 그를 신고해 버릴까 했던 철없는 내가 부끄러웠다. 옷을 꺼내 갈아입혔다. 교복을 입으니 그런대로 학생 티가 났다.

우물쭈물할 시간이 없었다. 교복 안주머니에 그날 받은 월급의 반을 넣어주었다. 그는 소중하게 쓰겠다며 고마워했다. 창 밖을 보니 해니가 서성이는 게 보였다.

여자와 동행을 해야 의심을 덜 받는다. 그를 데리고 로비로 갔다. 저녁 먹으러 간 수위가 돌아와 있었다. 인사를 하며 동생이냐고 묻기에 머리를 끄덕였다. 밖에 지켜보는 사람이 있나 확인하고 밖으로 나갔다. 그는 뒤에 2미터 쯤 떨어져 걸었다. 버스 정거장에서 기다리는 그녀에게 눈짓을 하고 인계했다. 그들은 버스를 타고 가 버렸다. 몇 번 버스를 탔는지는 일부러 보지 않았다. 이제야 불안감이 사라졌다.

이틀이 지나갔다. 마음은 무거웠지만 아무 일도 일어나지 않았다. 옆의 동료들이 눈치 채지나 않을까 걱정이 되었다. 길거리를 다닐 때도 회사에 들어 올 때도 미행자가 없나 살펴보았다. 전화라도 오면 혹시 냄새를 맡고 떠 보려는 것은 아닌지 의심했다. 또 하루가 지나갔다. 이제는 사정권 밖에 나간 것 같아 조금은 안심이 되었다. 동료들과 점심을 먹고 들어왔다. 한 낯선 사내가 접대용 테이블에 앉아있었다. 얼굴에 흉터 자국이 선명한 그는 사무실을 여기저기 살피고 있었다. 그때 전화벨이 울렸다. 왠지 불길했다. 세 번 벨이 울려도 받지 않으니 옆의 동료가 전화를 받아 나에게 돌려주었다. '로비에 있으니 빨리 내려오쇼.' 라는 거친 말만 남기고 끊어버렸다. '여보세요.' 를 외쳤지만 대답은 없었다. 접대용 테이블을 바라보았다. 아까 보았던 그 사내는 사라졌다.

올 것이 왔다. 완벽하다고 생각했는데 어디에 허점이 있었을까? 전화벨 소리가 들려오지 않기를 그렇게 바랬는데……. 갑자기 눈앞이 깜깜해지면서 현기증이 났다. 정신을 추슬러 옆 동료에게 집안 일로 외출을 했다가 퇴근 할 것이고 내일 결근할 수도 있다며 처리를 부탁했다. 그리고는 같은 회사에 근무하는 해니 친구에게 '내가 그곳에 간 것 같다.' 라는 말을 전해달라는 것도 잊지 않았다. 우리는 잡혀갈 경우를 대비했었다. 10층에서 1층까지 내려오는 중에 '비굴하지 말자' 고 자기 최면을 계속 걸었지만 집중할 수가 없었다. 엘리베이터 문이 열리자 아까 사무실에서 보았던 사내가 내 팔을 감아쥐었다. 비명을 질렀다. 하지만 도와주는 사람은 없었다. 친절하던 수위도 난처한 듯 구경꾼 쪽으로 눈을 돌리고 있었다. 반항할수록 그 사내의 울퉁불퉁한 근육이 더 세게 조여 왔다.

"너 찾느라고 얼마나 힘들었는지 알아! 이 새끼 오늘 죽었어. 내가 말할 때까지 말 한마디 하거나 샛눈이라도 뜨면 작살날 줄 알아!"

또 다른 요원이 거친 숨소리를 내며 다른 쪽 팔을 꺾었다.

차에 시동이 걸렸다. 수동 기어는 덜컹거리다가 갑자기 앞으로 튀어 나갔다. 좌석이 흔들거릴 정도로 심한 진동이었다. 주행 중에도 가끔 심하게 들썩거렸다. 어디로 끌고 가는지 궁금했다. 여러 번 망설이다가 용기를 내어 샛눈을 뜨고 보니 남가좌동 쪽 같았다.

"이 씹새끼야 눈 깜빡거리지 마!"

얼굴을 내리 칠 기세였다. 하지만 때리지는 않았다. 옆 차의 꼬마가 이상한 눈으로 우리 차를 쳐다보고 있었다. 앞좌석에 있는 사람은 무전기로 몇 마디 주고받더니 나에게 말을 건넸다.

"고향이 나와 같은 대구지예. 오늘 잘 협조해 주시면 예, 별탈 없이 금방 풀어 줄거라예. 그러니 서로 얼굴 붉히지 말고 간단히 끝냅시더."

"알겠습니다."

공손히 대답을 했다.

"이 새끼 아직 정신 못 차렸네. 누가 너한테 입 벌리라고 했어. 너 혼좀 나 볼래?"

이번에는 아끼는 긴 머리를 당겨 뒤로 젖혔다. '헉.' 비명을 질렀다.

"이런 소리도 내지 말란 말이야. 이 씹새야?"

옆 갈비뼈를 가격했다. 아팠지만 참았다.

"너무 윽박지르지 마이소. 잘 협조해 줄 사람에게 그러면 쓰나. 그렇지 예?"

이번에는 대답을 하지 않았다.

"이 자식 인간성 더럽네. 인마 대답을 왜 안 해?"

따귀를 올려붙였다. 따귀, 몽둥이로 터지는 것보다 자존심 상하는 일이다. 고교 때도 따귀는 맞아본 적은 없다. 대꾸도 못하고 당하고만 있는 내가 너무 한심했다. 코에서 피가 흘러내렸다. 소매로 닦았다. 흰 와이셔츠 소매가 붉게 변했다. '사내새끼가 아무리 무서워도 그렇지 꽥 소리라도 한 번 못 질러! 이 멍청아!' 나는 속으로 뇌까렸다. 대답을 하건 안하 건 달라질 건 없었다.

두 요원들이 번갈아 욕을 보였다. 한 시간쯤 달렸을까 눈을 뜨라고 소리쳤다. 산길 막다른 곳에 오두막이 있었다. 다 쓰러져가는 이곳에는 대낮인데도 희미한 전기불이 켜져 있었다. 삐걱거리는 테이블 위에는 녹음기 하나가 종이 위에 얹혀 있었다. 방구석에는 피 묻은 붕대로 감긴 몽둥이 두 개가 섬뜩하게 들어왔다. 부러진 것도 서너 개 더 보였다. 다른 장비들이 테이블 주변에 흩어져 있었다. 반대편 구석에는 반쯤 물이 채워진 욕조도 눈에 띄었다. 그들은 내 주변을 둘러쌌다.

그들이 원하는 대답은 간단하다. 누구에게 인계했느냐이다. 하지만 나는 끝까지 불지 않겠다고 만배와 해니에게 약속했었다. 차를 타고 오면서도 비명 지르는 시간만 빼고는 마음 속으로 이 다짐을 반복했다. 차 속에서는 겁을 좀 먹었지만, 이제는 때리면 맞고 밟으면 밟힌다고 생각하니 속이 좀 편해졌다. 이 정도라면 끝까지 버틸 수도 있겠다는 생각이 들었다.

그들의 정보력은 대단했다. 참고인에 불과한 나에 대한 세세한 부분까지 다 알고 있었다. 가족, 친척, 친구는 물론 나의 중 교교 대학 학점까지도 알고 있었다. 마음에 들지 않으면 이런 정보를 이용하여 자존심을 건드리기도 하고 우회하여 압박도 가했다. 간첩으로 쳐 넣을 수도 있다는 으름장도 놓았다.

"유정회 국회의원도 아들이 반정부 데모에 개입하여 사표를 냈는데 너희 집안 정도는 순식간에 무너뜨릴 수 있어."

당시에 직접 치기 번거로울 경우 상관도 없는 파렴치범으로 몰거나 가족 친척들에게까지 압력을 가해 원성을 받게 만드는 일은 비일비재했다. 때로는 불더라도 친구들 모르도록 감쪽같이 해결할 테니 걱정하지 말라는 뒷거래를 제안하기도 했다.

만배는 오래 전에 만나 얼굴마저 희미하다고 버텼다. 한 때 같은 동아리에 있었을 뿐, 가까운 사이도 아니라고 말했다. 그럴 때마다 주먹과 몽둥이가 날아들었다. 그들은 집요하게 토씨 하나까지 물고 늘어졌다. 번갈아가며 같은 질문을 하고 다를 경우 거짓말을 하고 있다고 몰아붙였다. 손을 의자 뒤로 묶었다. 그리고는 의자를 차서 넘어뜨리려 발로 옆을 찼다. 반사적으로 몸의 중심을 움직여 넘어지지 않았다. 그들은 딴지를 걸고는 기어코 쓰러뜨렸다. 그리고는 두 명이 발길질을 해 댔다. 방어 할 수도 없었다. 얼굴과 손 등 외부로 드러나는 부분을 제외하고 때렸다. 정강이가 퉁퉁 부어 바지가 좁게 느껴졌다. 배까지 욱신거렸다. 비명을 질러도 주변에서 들리는 것은 벽에서 반사되는 울림뿐이었다. 나중에는 막을 힘도 없어 축 늘어진 채 터지고 또 터졌다. 고통의 연속이었지만 순간순간 몽둥이가 살에 닿았다가 위로 올라가고 내려오는 짧은 시간 동안의 짜릿한 쾌감도 있었다. 다시 몸에 닿을 때는 빨리 정신을 잃고 싶었다. 이러다가 죽을 수도 있겠다는 공포감이 들었다. 다음 번 몽둥이가 칠 순간이 되어 움츠리며 비명을 질렀다. 날아오지 않았다. 한 박자 쉬고 또 그럴 것 같아 다시 비명을 질렀다. 하지만 아니었다. 구타가 멈추었다. 오히려 정지한다는 것이 불안했다. 다음 단계의 더 가혹한 폭행이 이어지기 때문이다.

그들은 몽둥이를 내려놓고 내 곁을 떠나는 발소리가 들렸다. 그제야 상처들이 아프게 느껴졌다. 다행이었다. 몇 대만 더 맞았어도 다 불겠다고 했을 거다. 비명을 지르느라고 목소리는 이미 다 쉬었다. 자백을 한다 해도 말소리가 나오지 않을 것 같았다. 살아있는 것만도 감사했다. 살려달라고 애원할 신이 필요하다고 느꼈다. 눈을 감았다. 피로가 한꺼번에 쏟아졌다.

눈을 떴다. 그들은 아직 얘기를 나누고 있었다. 무전기로 무언가 주고받는 것 같았다. 혹시 남산으로 가자는 것이 아닐까 덜컥 겁이 났다. 두근대는 마음을 추스르며 '나는 견뎠다. 견뎠어.' 라며 대견스럽다는 생각만 했다.

그것도 잠시 내 주변 사람들을 불러들였다. 대질 심문 첫 대상자는 '회사를 위해 사생활을 포기해야 한다.' 라는 마음을 심어준 나의 상사였다. 하지만 그는 이 사건에 대해 전혀 몰라 10분 만에 끝났다. 그 다음은 도피를 목격한 수위였다. 옴짝 달싹 못할 상황이었지만 같이 나간 사람은 진짜 동생이라고 우겼다. 다행히 확인은 하지는 않았다. '마지막이다. 안 되면 남산행이다. 그곳에 가면 걸어 나오지 못하니 여기서 부는 게 좋을 거다.' 라고 했다.

그 마지막은 어머니였다. 맥이 탁 풀렸다. 아버지는 안정된 경제력이면 가정은 충분하다고 생각했다. 어린 시절부터 그에게 가족은 의미가 없었다. 명령에 무조건 따라야하는 할 뿐이었다. 낯선 여자를 집으로 데리고 와서도 미안해하지 않았다. 오히려 당당하게 어머니 속을 긁었다. 아버지의 여자들에게 저녁상을 차려주면서 대꾸도 못하는 어머니의 무능력이 싫었다. 할머니도 아버지를 나무라는 척 했지만 결국은 참으라는 말 이상은 없었다. 가정이 나를 밖으로 내몰았다. 주변에는 집이 피곤한 친구들이 모여들었다. 그들은 학교에서도 팽개쳐진 애들이었다. 모든 게 싫고 미웠다. 가정도 학교도 사회도 다 깨버리고만 싶었다. 그런 친구들과 말썽을 피웠다. 가출도 한두 번 한 것이 아니다. 그럴 때마다 어머니는 나를 찾아 여관이며 시내 다방으로 또 당구장 술집으로 돌아다녀야 했다. 파출소나 학교 교무실에는 어머니가 있었고 다시는 이런 일이 없게 하겠다는 울음 섞인 목소리만 들렸다.

아버지는 지병인 폐암으로 갔다. 집안이 갑자기 조용해졌다. 나도 더 이상 밖으로 돌 이유가 없어졌다. 고교 이학년이 되면서 어머니 속은 그만 썩여야겠다고 생각을 바꾸었다. 올라간 성적표를 들고 좋아하던 어머님의 모습과 선생님 앞에서 고개를 숙여 눈물짓던 모습이 번갈아 파노라마처럼 지나갔다.

대학 졸업을 하고 직장에 다니면서까지 어머니가 또 불려 다니는 일은 차마 할 수가 없었다. 가슴에 박을 이 대못은 고교시절 것과는 비교도 안 될 정도로 크게 느껴졌다. 배신자가 되더라도 더 이상 아픔을 안기고 싶지 않았다.

조용히 팀장을 불러 달라고 했다. 결국 야비한 그들의 마지막 배팅에 무너졌다. 해니의 이름과 전화번호 주소를 알려주었다. 바로 전화를 걸어 다른 팀이 체포할 준비를 하는 것 같았다. 자백 후 나는 멍한 상태가 되었다. 죄책감도 없었다. 오히려 홀가분했다. 포기가 이처럼 달콤한 것인 줄은 몰랐다. 버틸 만큼 버텼다며 나를 위로했다. 내가 잡혀갔다는 소식을 듣자마자 해니는 잠적을 했을 것이다. 만일 잡혔다면 빨리 도망가지 않은 그녀의 책임이라고 전가했다.

그녀가 어떻게 되었는지는 들을 수 없었다. 그날 대질 대상자 1호였던 나의 상사는 밖에서 대기하고 있었다. 자백했다는 소식을 듣고는 반가워했다.

"정말 잘했어. 만일 이런 일로 네가 형사 처분을 받으면 너로 끝나는 게 아니야. 회사도 어려움을 겪을 거야. 이번 일은 위에 보고하지 않고 내 선에서 덮어 버릴 게. 오늘 수사진과 술 한 잔하며 싹 잊어버리자고."

수사관들을 회사 단골 거래처인 욱류장 이라는 요정으로 데려 갔다. 나중에 수사의 총책임자인 장성 출신도 합류했다.

그는 군부의 유력한 인물로 부각될 가능성이 있는 사람이라고 했다. 기업에서도 이런 사람에게 후관 예우를 해 두면 나쁠 것이 없었다. 사관학교 출신 위관 급 장교 중에도 싹수가 있어 보이면 스폰서를 서는 것은 기업체의 관행이었다.

수사관들은 그의 직책대신 장군이라는 호칭을 사용했다. 나에게는 그저 느글느글하고 나이 지긋한 사람으로 밖에 보이지 않았다. 모두가 그에게 정중히 머리를 숙였다. 그는 구석에 쪼그리고 있는 나를 불러 자기 옆에 앉혔다. 그리고는 수사관들에게 말했다.

"자네들 지금은 민주사회라는 것을 명심하게. 과거 군사 정권처럼 마구잡이식으로 하면 되겠는가? 이 젊은이에게 너무 심하게 했나보군. 내가 항상 무리하지 말라고 몇 번이나 강조했는가? 이래서야 어찌 민주사회를 이룰 수 있겠나?"

이번에는 나에게 머리를 돌렸다.

"미안하네. 젊은이. 우리도 일을 하다보면 어쩔 수없이 좀 심하게 할 때가 있다네. 이것도 나름대로 나라에 애국하는 길이라고 생각하네. 너그러이 용서하시게."

누구에게나 이 말을 하겠지만, 어쩐지 그의 말을 믿고 싶었다. 어깨를 툭 치며 호탕하게 한번 웃더니 나를 자기 옆의 젊은 여인 옆에 앉히고 말을 이었다.

"세월은 빠르지. 너무 어두운 곳만 집착하지 말고 밝은 면을 보면서 행복해져야지. 부정적인 것을 보면 한이 없어. 자 미래는 젊은이들의 것일세. 당신 같은 신세대들을 편안히 살게 하기 위해 악역을 우리가 맡고 있는 것이라 생각해 주게. 젊은이라면 이제 즐길 줄도 알아야지."

그리곤 나의 상사 옆으로 술병을 들고 옮겨간 후에야 옆에 앉은 아름다운 여인이 눈에 들어왔다. 전에는 본적이 없었다. 수사 총책임자를 위해 특별히 초빙한 것 같았다. 그 향기는 고통도 자존심도 비굴함도 다 잊게 할 것 같았다. 아니 잊어버리고 싶었다.

그 여인을 보며 판자촌에서 자장면 한 그릇 값에 몸을 팔던 지저분한 창녀가 생각났다. 그때 중진국에 다가선 한국 사회에 이런 여자가 있을 수 있다는 사실에 너무도 분개했었다. 하지만 옆에 여인은 팁만으로도 자장면 100그릇 값은 챙길 수 있다. 이런 두 여인이 우리 사회에 함께 존재하는 것을 보면서도 지금 나는 전혀 마음이 상하지 않았다.

수사는 아직 끝나지 않았다. 나의 자백으로 이 팀은 마무리가 되었지만 해니가 잡혀야 내가 풀려난다. 그녀의 얼굴을 보지 않기를 바랐다. 자정이 넘어가도 마무리 되었다는 소식은 없었다. 그들과 함께 여관에서 하룻밤을 보냈다. 다음날 새벽 전화를 받은 수사관 입에서 '독한 년' 이라는 소리를 들었다. 해니는 잡혔고 그녀에 대한 수사가 아침까지도 계속된다고 짐작했다.

팀장이 나를 불렀다.

"그 동안의 힘들었지 예. 우리도 수사 과정이니 어쩔 수 없었으니 그리 이해 하이소. 그리고 지금까지 일어난 모든 사항의 발설은 공소시효가 없고 법을 넘어선 엄중한 처벌을 받는다는 것은 아시지 예. 또 확실히 해 둘 것은 해니의 이름은 당신이 자백 한 것이 아니고 수사관들이 찾아낸 것이라는 것을 잊지 마시라 예. 그래야 친구들이 배신하지 않았다고 믿게 되니 당신에게도 도움이 될 거니까. 약속하신 걸로 알겠십더."

아침 식사는 근처 해장국집에서 했다. 다들 굳은 얼굴로 말없이 식사를 했다. 우락부락한 어깨를 가진 수사관이 옆에 앉아 나의 자리를 조금 침범했다. 불편하여 의자를 조금 옆으로 옮겼다. 이제 나도 하고 싶지 않은 것을 피할 수 있다는 자신감이 되돌아 왔다. 선지 한 덩어리를 입에 넣었다. 어제의 피가 오늘은 멍울이 되어 목에 잠기는 듯 했다.

"맞다. 어제 그들에게 무자비하게 뜯긴 처녀막에서 흘린 피가 오늘은 굳어버렸다. 내가 내 몸을 포기했으니 그것은 강간도 아니다. 쾌감을 위해 가랑이를 벌린 거다."

약자의 처절한 아픔은 강요된 기쁨으로 둔갑해 버렸다. '내 힘으로는 어쩔 수 없었어. '와 ' 목숨을 걸고라도 끝까지 버텼어야지' 라는 핑계와 자책이 내 머리에 맴돌고 있었다.

풀려난 지 며칠 뒤 해니의 만나자는 연락을 받았다. 오후 7시 서점

베스트셀러 코너 왼쪽으로 오라고 했다. 뜨끔했다. 밖에 나온 온상의 화초처럼 약한 바람에 부러진 나를 얼마나 원망했을까? 일생 지워지지 않을 그 아픔을 어떻게 보듬어주어야 하나. 무릎을 꿇고 머리라도 땅에 부딪히며 사죄할 수 있으면 좋겠다. 더구나 그녀로 인해 잡혀온 만배가 받을 고통은 우리보다 더 할 텐데. 그 죄책감을 그녀는 어떻게 견뎌낼까? 결국 나는 두 친구에게 끔찍한 아픔을 주고 말았다. 천 벌 아니라 만 벌이라도 받아야할 놈은 바로 나다 나.

서점의 조명은 밝았다. 그곳에는 젊음이 넘치고 있었다. 베스트셀러 코너에서 세상모르고 시시덕대는 학생들이 역겨웠다. 참고 기다렸다. 조금 늦게 파리한 얼굴이 더 핼쑥해져 보이는 그녀가 나타났다. 하지만, 살아있는 눈빛이 나를 노려보고 있었다. 그녀는 몸을 지탱하기도 힘들 것같이 안쓰러운 모습으로 내게 다가왔다. 그리고 속삭였다.

"네가 지켰듯, 나도 지켜냈어. 무척 힘들었지만."

아무 말도 할 수 없었다. 그 앞에서 초라해졌다, 나는 긍정도 부정도 할 수 없었다. 그녀는 내가 자백했다는 것을 상상도 못하는 듯 했다. 만배가 잡히지 않은 것은 다행이었다. 이것만 생각하기로 했다. 내 자백으로 그녀가 끌려갔었다는 것은 애써 잊었다.

얼마 후 옛 동아리 친구들을 만났다.

"난 그들에게 아무 말도 하지 않았어. 그들이 해니를 찾아낸 것일 뿐이야." ■

앞돌

박금아

돌 박물관에 갔다가 돌멩이 하나를 보았다.

'앞돌' 이라고 적힌 팻말에는 이런 설명이 적혀 있었다.

'크지 않은 돌 중앙에 홈을 내거나 자연의 홈을 이용하여 줄을 걸고, 반대편의 줄을 그물에 연결하여 어로 작업을 할 때 그물이 늘어질 수 있도록 달았다.'

하루를 걸어도 다 돌아볼 수 없으리만치 넓은 곳이었다. 선돌이며 고인돌이며 집채보다 큰 바위들 속에서 귓불만 한 돌멩이 하나가 눈에 띈 것은 무슨 까닭이었을까.

사람들의 발길이 닿을 성싶지 않은 후미진 곳에서였다. 어구漁具로 쓰인 돌을 모아 둔 전시관은 대숲으로 둘러싸인 데다 어둠과 냉기 탓에 등골이 오싹할 정도였다. 그런데 이상한 일이었다. 서둘러 떠나야겠다고 생각하면서도 나도 모르게 조명등 스위치를 찾고 있었다. 유리장 안에서 기척이 왔다. 몇 번을 깜빡거린 끝에 애기전구가 켜졌다. 전시장 내부가 부연 바닷속 같았다. 가느다란 빛줄기가 작은 돌멩이 하나를 비추었을 때다. 내 속에도 한 줄기 빛이 스몄던가. 오래도록 방치되었던 유년이 기억으로 흔들렸다.

어느새 내 손은 빈 호주머니를 만지작거리고 있었다. 어린 날의 섬집 마당이 떠올랐다. 수북이 쌓인 그물을 가운데 두고 동네 어른들이 빙 둘러앉아 돌을 달았다. 바다 갈매기와 파도의 울음 속에서 아이들 몇은 공기놀이를 하고, 몇은 머리에 그물을 뒤집어쓰고 깔깔대며 마당을 뛰어다녔다. 이윽고 작업을 끝낸 그물을 돌담에 "척!" 걸치는 소리가 들려오고, 화들짝 놀란 도마뱀 한 마리가 담쟁이 넝쿨 사이로 줄행랑을 쳤다.

그물에 돌을 매다는 작업은 섬에서는 늘 하는 일이었다. 잠시 쉴 때나 손님이 왔을 때도 어른들은 손을 놓지 않았다. 고기를 많이 잡으려면 그물을 물고기가 지나는 물길 아래에 쳐 놓아야 하는데 가벼워서 물 위에 뜨는 것을 가라앉게 하려고 돌을 달았다. 그 돌을 제주에서는 '앉돌' 이라고 부르는 모양이었다. 내 고향에서는 무엇으로 불렸는지 알 수 없지만 돌에 대한 느낌만은 또렷했다.

어린 날을 가족과 떨어져 살았다. 육지에 있는 학교에 다니느라 섬에 사는 부모님과 동생은 방학 때나 되어야 만날 수 있었다. 얼마나 기다린 시간이었을까. 방학이면 섬 구석구석을 돌며 놀다가 개학 전날에야 밀린 숙제를 했다. 어머니도 그날엔 밤늦도록 내 곁에서 그물 일을 했다.

겨울 방학을 끝내고 섬을 떠나오던 날의 아침 풍경이 떠오른다. 어머니는 꼭두새벽에 일어나 밥을 지었다. 뿐디 콩밥과 개조개살로 끓여낸 뽀얀 미역국이 놓인 밥상을 받아들고 앉으면 어머니는 부지깽이로 아궁이를 뒤적여 돌을 꺼냈다. 발갛게 달아오른 작은 돌멩이들이 "탁! 타닥!" 소리를 내며 굴러 나왔다. 그물에 매달 때 쓰는 돌들이었다. 꺼낸 돌은 바닥에 굴려서 불의 센 기운을 뺀 다음, 무명 주머니에 넣어 돌돌 말아 집을 나설 때 호주머니에 넣어 주곤 했다.

"손 시리다. 개와' 속에 꼭 느놓크라이."

그 돌들이 '앞돌' 이 되어 나의 말들을 깊은 곳에다 꾹꾹 가라앉혀 놓았던 걸까. 어머니와 함께 선착장까지 걸어가노라면 아무 말도 할 수 없었다. 하고 싶은 말들은 속에서만 웅얼거릴 뿐, 입 밖으로 나오지 않았다. 나도 동생들처럼 섬에 있는 학교에 다니면 안 되느냐고, 부모님과 함께 살고 싶다고 말하고 싶었다. 그런데 한번도 하지 못했다. 그렇지 않아도 집안일을 도맡아 하느라 힘든 어머니에게 어리광을 부리면 안 될 것 같았다. 도선이 섬을 떠날 때도 인사말조차 할 수 없었다.

배가 바다 가운데에 이르렀을 때쯤에야 고개를 들어 섬을 보았다. 어머니는 아직도 그 자리에 서 있었다. 바람에 날리는 광목 치맛자락이 수십 개의 손이 되어 어룽거렸다. 바라만 볼 뿐, 나는 호주머니에서 손을 빼지 않았다. 돌멩이에서 손을 떼면 선창가 끄트머리에 간신히 발을 붙이고 서 있는 어머니가 가뭇없이 사라져버릴 것만 같았다. 섬에서 멀어질수록 배는 너울을 탔다. 물결 속으로 어머니의 모습이 사라졌다가 떠올랐다가 다시 사라져갔다. 그러기를 몇 번 반복하다 보면 어느새 어머니는 파도에 묻혀버리고, 섬도 묻혔다.

그맘때면 영화의 마지막 장면처럼 발동기가 소리를 높였다. 고개를 돌리면 반대편에서 지평선이 떠오르고 있었다. 뱃전에서 한참 이야기꽃을 피우던 어른들은 짐 보따리를 챙기며 그제야 혼자 있는 나를 알아봤다는 듯 한마디씩 건넸다.

"이리 애린 아를 혼자 떼놔서 우짜노…. 에미도 아도 참 모질다."

그 말에 간신히 참았던 눈물이 갑판 위로 뚝 떨어져 내렸다. 뭍은 언제나 그렁그렁한 눈물 속에서 다가왔다.

학교에 가서도 호주머니에서 손을 빼지 않았다. 수업이 끝나고 집으로 돌아가면 돌멩이들을 꺼내어 책상 위에 올려놓고 바라보곤 했다. 그러면 돌들도 눈을 맞춰주었다. 어머니와 동무들과, 바다 생물들의 껌벅이는 눈망울들이 검은 돌 위에 돋아났다. 밤이면 돌멩이들은 내 곁으로 더 바짝 다가왔다. 불 꺼진 방에 누워 눈을 감으면 바닷새 울음과 함께 어머니가 자주 부르던 '메기의 추억' 이 들려왔다.

신기한 일은 시간이 지날수록 돌에서 온기가 느껴지는 것이었다. 풀이 죽어 있다가도 돌멩이만 보면 힘이 났다. 돌들은 책상에서 내려와 꼬막손 안에서 공깃돌이 되어 머물다가 제자리로 돌아가곤 했다. 그러구러 지내다 보면 육지에서의 날들이 갔고, 돌멩이에 먼지가 앉을 무렵이면 어느새 방학이 눈앞에 성큼 다가와 있었다. 새 학기가 시작되면 그 자리에는 또 어김없이 새로운 돌이 놓였다가 똑같은 과정을 거쳐 떠나갔다.

그 어린 날, 나의 돌멩이들은 다 어디로 간 것일까. 한 번도 입 밖으로 나온 적 없이 내 속에서만 살아 '내 말들의 집' 이 되었을까? 그리하여 나를 이루는 밑돌이 되었을지도 모르겠다. 바다에 던져져 뭍으로 올라오지 못한 '앞돌' 이 깊은 바다 밑바닥에서 '바닥 물고기들의 집' 이 되었듯이.

돌 박물관 한 귀퉁이에서 기억의 저편에 꼭 닫혀 있던 유년의 유리장을 만났다. 문을 열었다. 그리고 그 반가운 이름 앞에 새 이름표 하나를 올려두었다.

'앞돌'

'한 번 데워지면 영원히 식지 않는 세상에서 가장 따뜻한 불돌. 이름을 떠올리기만 해도 사람의 마음을 평온의 바다에 내려주는 어머니와 같은 돌.' ■

* 개와;호주머니의 경상도 방언

뒤늦게 고백하는 나의 '시 창작론'

경암 이 원 규

평범한 농부인 아버지와 어머니 슬하 3남 1녀 중 장남으로 태어난 나는 고등학교 2학년 봄, 가정 형편이 갑자기 어렵게 되었다. 대학 진학은 아예 엄두도 못 낼 상황이 되었다. 그 엄청난 체구의 아버지께서 중풍으로 쓰러져 치료를 위해 침을 맞아야 했고, 약값 또한 만만치 않았다. 어머니의 품팔이 수입으로 생계를 유지하기는 힘들었다. 요즘처럼 아르바이트가 흔치 않았던 시절이었다. 내가 간신히 구한 부업은 새벽마다 자전거를 타고 신문과 두부를 배달하는 일이었다.

3학년이 되었다. 이미 대학 진학은 포기했고 정규수업이 끝나면 곧바로 도서관으로 가 밤 10시까지 책을 읽는 것을 유일한 낙으로 삼았다. 3학년인데 일찍 집에 가는 것도 남 보기에 이상할 테고, 다른 친구들이 수업을 마칠 때까지는 도서관에서 시간을 보내다가 통학 기차를 탔다. 그런 개인적 사정이었는데 그해 9월, '독서주간' 에는 교장 선생님으로부터 친필의 '다독자상' 을 받았고, 국어과 선생님의 권유로 학교신문 편집을 맡았다. 창간호 첫쪽 우측에는 교장 선생님의 창간사, 좌측 반쪽은 권두시로 내가 쓴 「기차」라는 비교적 긴 시를 위에서 아래까지 꽉 차게 실었다.(지금 생각해도 상당히 시건방졌다. 국어 선생님들도 많이 계셨는데….)

자! 보자.

> 긴 밤을 지나온 / 기차의 목쉰 기적소리에 / 녹빛 바람이 인다 // 오늘도 기차는 달린다 / 꿈틀거리는 생을 이끌고 / 용솟음치는 의욕의 외침으로 / 억센 계절의 시련 앞에서도 / 결코 굽히지 않는 / 꿋꿋한 자세로 / 슬픈 노래 바람에 날리면서 // 긴 밤 / 나의 노래는 / 약한 바람에도 우는 / 작은 잎새 / 그 잎새에 / 녹빛 바람이 불어와 / 참 생을 알게 하다 // 우수로 얼룩진 나의 얼굴 / 미소로써 씻어주시던 내 어머니 / 뭇 설움 맴도는 계절과 계절에서 / 연륜처럼 쌓인 / 어머니의 시름이여 / 계절의 흐름 속에서 / 깊은 강 이루어 흐르거라 // 긴 밤 / 흐느끼던 잎새 / 뒤로 뒤로 밀려 울던 / 슬픈 이야기는 // 아예, 강물처럼 흘리고 / 태양을 안은 마음으로 / 앞으로 앞으로만 달려가 / 먼 훗날 / -내 좁은 가슴 속에도 / 결코 약하지 않은 태양이 / 안으로 타 흐르고 있었노라 / 외쳐 주리니.
>
> -〈소사벌〉 창간호, 1973년, 평택고등학교 3학년

고등학교 졸업 전인 1월, 수원병무청으로 찾아가 지원 입대를 신청, 그해 7월 1일 공군에 입대, 대전에서 6개월간의 신병훈련과 통신교육을 마친 후 만36개월(1,095일)간을 수원비행장에서 근무했다. 공군에 입대하기 전, 그러니까 고등학교 졸업 후 약 2개월 정도의 농한기를 이용하여 (농번기에는 닷 마지기 논밖에 남지 않았지만, 농삿일을 해야 했음.) 자전거를 타고 정처 없이 전국으로 무전여행을 떠돌아다녔다. 이미 친구들은 대학으로 진학했을 때였다. 외롭고 쓸쓸하고 이 세

상천지에 나 혼자만 덩그러니 버려진 느낌이었다. 그때부터 시심詩心의 싹은 미약하지만 트기 시작했다. 별것도 아니지만, 우리 동네와는 사뭇 다른 낯선 풍경들과 미처 느끼지 못했던 사람들의 사는 모습까지 종이쪽지에 빼꼭하게 기록했다가 밤마다 일기장에 옮겼다.(그 일기장은 아직도 재산목록 1호로 보관 중이다.)

또래들보다는 3년이나 빨리 입대했기에 선배들과 군대 생활을 하게 되었다. 함께 있는 그들이 대부분 대학교 2~3학년쯤 다니다가 왔기에 학문적인 지식이건 사회적인 경륜이건 나보다는 상당히 앞서 있었다. 상황이 이렇다 보니 처음에는 내무반에서 그들과 자연스럽게 어울리기가 쉽지가 않았다. 그들은 여유 있게 술을 마시고 담배까지 피웠지만, 나는 그때까지 그런 것을 입에 대지 못하던 때였다. 그래서 내무반 침상 구석에서 쭈그리고 앉아 『소월 시집』부터 시작하여 책을 읽는 것으로 소일했다. 마음에 닿는 구절이 있는 시는 세필(아주 작은 붓)로 필사(베껴내기)하고 암기했다. 하루에 한두 편씩이지만 그 작업은 제대할 때까지 계속되었다. 가끔 제대를 앞둔 고참의 비망록을 만들어주면 용돈까지 두둑하게 생기기도 했다. 대부분 부유층이라 그런지 글은 안 써도 돈은 잘들 썼다. 서재를 정리하다 보니 그 당시 필사해 묶었던 시집 두 권이 누렇게 변색했지만 보관되어 있다.

본론으로 들어가자.

〈시란 무엇인가?〉 라는 정의는 말하는 사람마다 서로 달라 수백 가지도 넘는다. 필자가 모교인 방송통신대학교의 시창작 과정 첫 수업 때 칠판에 썼던 〈시의 경제학〉을 다시 옮긴다. 이것은 시뿐만 아니라 수필, 소설 등 문학의 모든 장르에도 적용될 수 있다.

〈완결된 작가의 작품은 최소의 단어로, 최대의 효과를 낸 탄탄한 문장이다.〉

사람들은 〈문학〉이 좋고 매력도 느끼는데 글재주가 없어 못 쓰겠다고 말한다. 웬만큼 써본 사람들도 '쓰긴 썼는데 영 션찮다' 면서 보여주지 않는다. 물론 글재주는 백일장, 공모전 등에 도전할 때는 필수요건이다. 심사위원의 취향에 맞춘 작품이 당선될 확률도 그만큼 높은 것은 당연하다. 그러나 글을 반드시 상을 타려고 쓰지만은 않는다. 아이들 숙제도 봐줘야 하고, 국문학과 출신이라면 다른 사람의 〈부탁 글〉도 받아 줘야 할 때도 있다. 따라서 상식적인 작문 실력은 미리미리 연습해 둔다면 살아가면서 체면 유지하는 데 상당히 도움이 된다.

정말로 잘 쓰고 잘 된 글은 자신의 마음을 자신이 원하던 바대로 진솔하게 표현한 글이다. 자신보다 자기의 마음을 그 누가 더 잘 알겠는가. 비록 하찮고 보잘것없어 보여도 습작한 작품들이 있다면 그것을 깔끔하게 정서하거나 컴퓨터를 활용해서 책처럼 표지도 만들어 예쁘게 엮어보시라. 그리고 그것을 잘 보관했다가 얼마만큼 시일이 흐른 다음에 다시 꺼내 보면 그때 비로소 알게 된다. 매우 유치하고 진부할 것이다. 그런 느낌이 들었다면 일단 몇 단계는 훌쩍 성장한 셈이다. 그 이유는 위에서 말한 〈시의 경제학〉에서 '탄탄한 문장' 이 되지 못했다는 점을 확실하게 감지했기 때문이다. 그 습작품들을 몇 번이고 퇴고하다 보면 탄탄하고 빛나는 작품으로 탄생한다. 이처럼 글을 쓰는 사람들에게 〈퇴고推敲〉라는 말은 백 번을 강조해도 조금도 지나치지 않은 기본상식이라는 말씀이다.

한때 문학청년의 꿈을 꾸며 그야말로 '밤을 하얗게 지새웠던' 분들도 있을 줄로 안다. 문학에 대한 미련이 아직도 남아 지금, 이 순간에도 가슴은 설렐 것이다. 하지만 '나는 재능이 없어서 못 쓴다' 고 스스로 판단하고 자발적으로 포기했으리라. 더구나 깊이 들어갈수록 난해한 이론 공부까지 겹치다 보니 문학에 대한 꿈은 자꾸만 멀어졌으리라. 하지만 이제는 보는 눈만큼은 나름대로 높아졌지 않은가. 잘 쓴 글, 잘못된 글도 가릴 수 있는 식견도 생겼으니 말이다.

돌이켜보면 우리가 〈국어〉 교과목을 공부한 지가 꽤 오래되었다. 초등학교 6년, 중 · 고등학교 6년 그리고 대학까지 합친다면 16년 이상씩은 공부를 꾸준하게 한 우리들이다. 그런데 왜 나는 글을 쓰려면 안 써지는 걸까?

대부분의 사람은 결혼하여 가정생활을 꾸리면서 자녀의 교육 문제, 경제적인 문제 등으로 인하여 젊은 날에 품었던 문학의 끼를 20년 이상씩은 감히 꺼내지도 못했으리라. 뒤늦게나마 가슴에 남아있는 사연들을 소설로는 언감생심이고 시나 수필로 짧게나마 써보려 해도 막막하다. 어느새 감각을 잃어버렸나? 그래서 부랴부랴 창작동아리에 가입도 하고 여기저기 문학 강좌가 열리는 곳으로 부리나케 가보기도 한다. 그런데 막상 집으로 돌아와 작품을 쓰려면 웬일인지 진도는 한 줄도 못 나가고 붓방아만 찧게 된다.

도대체 글을 잘 쓰는 비법이 있긴 한가? 답은 분명히 '있다' 에 확신에 찬 방점을 쿡쿡 찍겠다. 서점과 도서관 등에 빼곡하게 쌓여 있는 수많은 책, 거기에 최상의 비법들이 고스란히 담겨있다. 책을 가까이하는 것보다 큰 스승은 없다. 진부한 옛 말씀이지만 〈책 속에 길이 있고, 책은 영원한 스승〉이라는 말은 진짜 딱 들어맞는 말이다. 유네스코 통계에 우리나라의 연간 서적출판 종수가 약 4만 5천여 권으로 세계 상위라고 한다. 종류별로 4천 5백여 권을 출간하는 문학 서적은 단연 1

위로 전체의 10% 정도를 차지한다. 그중에서 소설집이 2천 5백여 권, 시집은 1천여 권이다. 이 정도라면 우리나라를 감히 〈문학민국〉이라 해도 무방할 듯하다. 이러한 좋은 터전에서 글을 쓰지 못한다는 것이 오히려 이상스러울 정도이다.

그러므로, 지금부터는 필자가 젊은 날에 습작했던 시를 따라가면서 이참에 문학 이론 중 한 가지라도 제대로 이해하는 시간이 되었으면 좋겠다. 이론이라고 하면 시작도 하기 전부터 머리가 지끈거릴 것이다. 그러나 알고 보면 너무 쉽고 간단하다. 다만 잘 알면서도 안 지켰을 따름이다.

우리가 수필, 소설 등 산문을 쓸 때는 조목조목 연구분도 잘하고 말이 바뀔 때마다 행갈이도 척척 잘한다. 그런데 시로 쓰라면 기분 내키는 대로 아무 데서나 행과 연을 바꾼다. 더러 예외가 있긴 하지만, 그렇게 하는 것이 시를 멋지게 쓰는 것으로 생각한다면 아주 큰 오산이다.

시에서 연을 구분하고 행을 바꾸는 이유는 독자(손님)들을 헷갈리지 않게 하기 위함이다. 내 집을 방문한 사람들이 불편하지 않게 하는 것과 같다. 아무리 집이 허술해도 지붕도 없고 바람막이도 안 된 바깥에다 손님을 재울 수는 없다. 화장실이 아닌 안방에다 용변을 보게 해서도 안 될 일이다. 물론 짐승들이라면 그렇게 해도 아무런 흉허물이 되지 않는다.

대부분 완결된 시 작품은 우리들이 사는 집의 형태와 똑 닮았다. 연聯은 안방, 건넛방, 공부방, 거실, 화장실 등과 같은 방房이라고 이해하자. 1칸 방은 원룸, 2칸 방은 투룸, 3칸 이상은 단독주택 혹은 아파트다. 내 시를 몇 칸짜리 방에서 살게 할 것인가 하는 생각에 따라 시가 길어지기도 하고 짧아질 수도 있다.

행行은 방과 방을 구분하는 언어言語로 쌓은 벽壁이다. 벽 근처에는 취향에 따라 장롱, 침대, 책상, 오디오, 화분 등도 놓인다. 예쁜 집으로 꾸미기 위한 인테리어 방식에 따라서 간결하게 혹은 오밀조밀하게 꾸밀 수도 있다. 그런 역할을 하는 단위가 행이고, 행을 여럿 묶으면 하나의 연이 된다.

집이 몇 평이냐, 방은 몇 칸이냐 하는 것은 그 집에 사는 사람(작가)의 상상력에 따라 달라진다. 세상을 향해 할 말이 많다면 집이 커야 할 것이고, 신혼 재미에 오붓하게 단둘만 살 집이라면 커도 불편할 것이다. 좁아도 행복한 정을 나누기에 부족함이 없다면 그야말로 좋은 집이다. 그러한 짧은 시詩는 우리나라에는 3장 6구 45자 내외의 시조時調가 있고, 일본은 더 짧은 17자字 정형시 '하이쿠'가 있으며, 서양은 14행시 소네트(sonnet)가 있다. 이들은 오랫동안 생명이 유지되면서 오늘날까지도 사랑을 받으며 그 감동을 널리 전파하고 있다.

① 저녁 하늘을 보면서 잡았던 시상

하늘 끝으로 넘어가던 햇덩이를
벌컥벌컥 마시고 강물 속에 쏟아놓은 자국

-「황혼」 전문

몇 차례의 퇴고를 거친 후 다음과 같이 완결했다.

벌건 대낮부터

그렇게
퍼마시더니
내 그럴 줄 알았다.[1)]

-「까치놀」 전문

위와 같이 이미지를 한 단계 내 앞으로 바짝 조여 끌어당기니 쉽고 깔끔하게 마무리되었다. 퇴고 과정에서 제목도 우리말로 바꾸었다. 모든 작품에서 제목은 아주 큰 몫을 차지한다. 제목만 잘 붙여도 시가 좋아 보인다.

② 치질 수술 후 메모했던 시상

누군가 말했다. 지구가 둥글다는 사실을 다시 증명해야겠어. 지구가 둥글거나 네모지거나 세모라 한들 무슨 대수냐는 사람들 때문에라도 꼭 확인해야겠어. 지금껏 그럭저럭 잘 살아왔는데 쓸개 빠진 놈이라고 생각하는 사람들, 꼭 눈으로 봐야만 직성이 풀리는 사람들의 코가 납작해지도록 내가 나서서 확실하게 제거하겠다는 사명감이 울컥울컥 솟아나네. 우리 인간들에게도 꼬리가 있었다는 사실에 이의를 제기할 사람은 없을 거야. 지금은 감자껍질처럼 아릿한 흔적만 남은 우리들의 꼬리뼈 같은 아득한 시절, 너무나 쉽게 잊고 사는 요즘에 한 번쯤 돌이켜 생각해볼 문제잖아. 생각하면 우리가 이렇듯 당당하게 두 발로 일어서서 있을 날이 얼마나 된다고 벌써 손바닥을 비벼대는지 꼬리가 퇴화한 사유부터 우선 조사해봐야겠어.

-「치질」 전문

산문시를 제목까지 바꾸어 다음과 같이 과감하게 퇴고했다.

나는 꼬리가 있다, 라고 쓴 다음
감자 껍질처럼 아린 꼬리뼈의 흔적, 이라고 덧붙이고
괄호를 닫는 순간
꼬리뼈 밑동으로 맑게
흘러내리는 핏줄기 보았네.

물론 사람도 짐승이라는 데는 틀림없지만
짐승, 에 힘을 주니
갑자기 컹컹 짖고 싶어지네.
애초에 꼬리가 있었다는 생각
그것이 문제가 될 줄이야!

한때는 지구가 둥글다는 것에 대해서나
사람이 거꾸로 설 수 있다는 것을
누구도 믿지 않았지.
꼬리를 감추고 살아도
별 탈 없고
나야 바르게 사는데
별별 짓이라며 핀잔먹기에 십상이지.

그러나 꼬리는
분명 있어야 해.
가령 꼬리가 있다면
더 높은 곳을 향하여 날아갈 수 있고
더 깊은 곳으로
입 다물고 헤엄쳐 갈 수도 있잖아.

이제는 퇴화한 나의 꼬리뼈

그 밑동으로
자꾸 비집고 나오려는 아픈 기억
오디처럼 검붉게 익어
비틀거릴 때마다 핏물 보이네.

-「꼬리뼈」 전문

위 시 초안 ②에 나오는 '쓸개 빠진 놈', '확실하게 제거', '사명감이 울컥울컥', '이의를 제기할' 등의 관념적 표현과 '확보, 퇴화, 사유, 조사' 등의 추상적 단어는 퇴고 과정에서 다른 시어들로 대체했다. 또한 산문 형태를 연구분과 행갈이를 해서 운율을 맞추니 답답하지 않고 재밌게 주제가 표현되었다. 제목도 혐오감이 드는 '치질'에서 '꼬리뼈'로 바꾸었다. 산문은 짧은 행들을 묶어 하나의 연을 이루면서 그것들이 하나하나의 이야기가 되어 주제를 이끌고 간다. 시는 오감(시 · 청 · 후 · 미 · 촉각)을 자극하고 음악적, 회화적 효과까지 더해져서 호소력이 산문보다 훨씬 강렬하고 명확하다.

내가 쓴 글에 대한 역이지언逆耳之言, 귀에 거슬리는 비판을 절대로 두려워 말 일이다. 신랄한 비판이나 충고는 스승의 말씀처럼 잘 받아들이면 들일수록 살아가면서 만병통치약처럼 효과를 본다. 듣기 좋은 아부성 칭찬은 듣는 그 순간만 달콤하고 기분 좋을 뿐이다. 아첨은 세상만사에 도움 될 게 손톱만큼도 없다는 뜻이다.

그러한 맥락에서 지금까지 가장 기억에 남고 내 시 쓰기에서 피와 살이 되었던 문학 모임은 〈젊은시 동인〉 활동이었다. 그때의 혹독한 합평회. 몇 날 며칠 밤새워 쓴 작품들이 동인들에 의해 무자비하게 난도질당했다. 그래도 합평회가 끝나면 권커니 잣커니 술을 마시며 서로 위로했던 몸과 마음이 젊은 시절이었다. 다들 나이가 들면서 먹고 사는 일들로 뿔뿔이 흩어졌지만, 그 〈젊은시 동인〉 시절의 추억이 지금도 새록새록 생각난다.

문학의 길을 걸어온 지 어언 38년이 지났건만 지금도 '무엇을 어떻게 쓸 것인가?' 하는 문제로 고민한다. 어떤 사람들은 이제는 시로 쓸 소재가 동이 났다고 난리다. 이미 선배들이 다 써먹었다며 괜한 푸념이다. 나 혼자만 아는 대단한 보물인 줄 알았는데 이미 누군가가 벌써 그 소재로 쌈박하게 작품을 만들었다고 호들갑까지 떨면서….

그러나 걱정하지 마시라. 전혀 그렇지 않다. 어차피 우리가 열정을 다하는 창작은 재창조다. 세상의 모든 사건과 사물들에까지 새롭게 의미를 부여하는 것이 작품이며 작가의 사명이 바로 그것이다. 하느님이 세상을 창조하실 때 미처 생각하지 못했거나 놓친 것들도 있을 게 분명하다. 그것은 어쩌면 글 쓰는 사람들에게 하느님이 창조해보라고 남겨둔 은혜일지도 모른다. 가히 하느님과 맞먹는 절대 권력으로 풀어낼 특권을 하늘로부터 받은 행운아가 작가라는 말이다. 대한민국 대통령이, 미국 대통령이 주는 게 아니다. 스스로 인생을 걸고 매달릴 때만 그 특권은 작동하고 숙제도 풀린다. 아무나 원한다고 주는 것도 아니다. 문학을 선택한 그대들에게만 하느님께서 특별히 내린 고귀한 재능이다. 그러므로 작품으로 쓸 때는 단어 하나, 부호 한 점에도 신중해야 한다. 과유불급過猶不及, 단 한 편을 만들더라도 명품이 되게 작업하시라는 말씀이다.

요즘에는 글쓰기를 컴퓨터로 하는 편한 세상이다. 그렇게 수월해진 만큼 작품에 쏟는 정성과 여유는 상대적으로 줄어들었다. 세상도 급속

도로 변해, 옛것을 익혀 새것을 배운다던 온고이지신溫故而知新은 써먹을 새도 없다. 한발 앞서가는 정보들을 따라가기에도 바쁘다. 그렇게 정보만 찾다 보니 진즉 가슴에 남는 게 없다. 스스로 내공을 다질 일이다. 특히 옛것도 소중하게 아끼고 받드는 마음가짐이 무엇보다도 중요하다. 필기구가 펜에서 자판으로 바뀌었을 뿐, 시 쓰기의 과정은 예나 지금이나 조금도 달라진 게 없다.

소재의 발견→시상의 구상→집필(이미지로 변경)→퇴고推敲

눈을 크게 뜨면 글로 쓸 소재는 주변에 무수히 널려있다. 그 소재들을 어떻게, 어떤 모습으로 생명을 불어넣어 재탄생시켜 살리느냐 하는 인고의 작업이 창작이다. 같은 소재일지라도 다루는 사람에 따라 전혀 다른 이미지로 느껴지기도 한다. 소재를 꼼꼼하게 관찰하고 그것에 대한 생각도 여러 각도에서 깊게 파고들어야 한다. 그 때문에 무엇보다도 중요한 과정이 바로 백번을 강조해도 지나치지 않을 퇴고推敲이다. 첨가하고, 삭제하고, 재구성하는 그 퇴고의 3원칙을 반복하다 보면 문장은 점점 세련되고 빛나게 된다.

소재는 주제를 위한 화장품이며 밑반찬 정도이다. 화장하지 않아도 아름다운 사람도 있다. 궁핍하게 살다 보면 간장 한 종지로 한 끼 밥을 먹어야 할 때도 있다. 어차피 글은 남들에게 보여주려는 것이고, 밥상도 식구들과 맛있게 먹기 위해 정성을 다해 차리는 것이다. 마음이 아름다우면 립스틱만 살짝 칠해도 상대방에게 산뜻한 인상을 주기도 한다. 비싼 소고기 장조림이 아니더라도 김치 한 접시라도 괜찮다. 손님을 잘 대접하겠다는 지극한 정성으로 글을 쓴다면 그 누구라도 참 맛있다고 감화 감동할 것이다.

글쓰기의 주제는 〈사랑, 이별, 만남〉뿐이다. 지금까지 40여 년 가까이 글을 써왔지만, 이 주제 이외는 보지도 쓰지도 못했다. 매일 사랑하고, 이별하지만 아직도 너와 나의 만남은 끝끝내 이루어지지 않았고 이별 또한 사랑 때문이었다. 이 문학이란 불치병에 걸린 이후로 가족들에게 소홀했던 적도 있었음도 깊이 반성한다. 아내한테 늘 듣던 잔소리처럼 '쓸데없는 일' 에만 진을 다 빼고 다녔다. 이처럼 한 인간과 그 가정까지도 망가뜨릴 위험한 요소가 있음에도 끝끝내 이별하지 못하고 사랑할 수밖에 없는 애틋한 만남이 바로 문학이다. 그래서 글을 쓰는 오늘 밤도 마음속은 한없이 괴롭기만 하다.

각주)----------------

1) 영국의 극작가 겸 소설가, 비평가인 조지 버나드 쇼의 묘비명 "우물쭈물하다가 내 이럴 줄 알았다" 에서 차용함.

【필자 약력】

시_

강성은 e-mai: ksekang500@hanmail.net
1965년 대구 출생. 경북대 국문과 졸업. 2003년 『미네르바』 시부문 신인상, 2005년 『월간문학』 아동문학(동시)부문 신인상 수상. 세계문학상 아동부문 대상 수상. 현 강북문화대학 출강.

강준모 e-mail: kj903ys@hanmail.net
경희대 및 대학원 국문학과 졸업. 2017년 『창작21』 시부문 신인상으로 등단. 시집 『오래된 습관』. 현 경희여고 국어 교사.

김성호 e-mail: symphonpoem@hanmail.net
1994년 계간 『시조문학』 천료. 2002년 『현대시』 등단. 시집 『소리의 하늘 』『소리의 여행 』『보도블록에 깃든 숨결 』『연약함이 강함을 용서한다 』.

김애리샤 e-mail: wanderlust4104@hanmail.net
2018년 계간 『창작21』 신인상 등단. 시집 『히라이스』

김영수 e-mail: soekiman@hanmail.net
2018년 『창작21』 시부문 신인상으로 등단. 번역서 『인도네시아의 '위안부' 이야기』.

김원희 e-mail: mirmirw@hanmail.net
1998년 계간 『불교문예』 희곡부문 신인상, 2012년 『창작21』 시부문 신인상으로 등단. 숭의여대 문창과 졸업. 중앙대예술대학원 문예창작전문가과정 수료. 현 『불연』 편집장. 시집 『햇살다비』.

김은옥 e-mail: indienk@hanmail.net
2015년 『시와문화』 신인상으로 등단.

김형효 e-mail: tiger3029@hanmail.net
1965년 전남 무안 생. 방송대 국문과 졸업, 1997년 김규동시인 추천으로 문단에 나옴. 시집 『사막에서 사랑을』 외, 산문집 『히말라야, 안나푸르나를 걷다』. 한국작가회의, 민족작가엽합 회원 .

문창길 e-mail: dlkot108@naver.com
1984년 『두레시』로 작품활동 시작. 『창작21』 편집주간. 시집 『철길이 희망하는 것은』『북국독립서신』. 민족작가연합 공동대표. 민족문학연구회 회장. 한국작가회의 회원.

박금란 e-mail: bknink@hanmail.net
1998년 전태일문학상으로 작품활동 시작. 정선아리랑문학상 수상. 민족작가연합 공동대표. 시집 『천지의 맹세』. 공동작품집 『통일은 사랑입니다』.

박창민 e-mail: taechang77@hanmail.net
1963년 부산 출생. 2018년 『창작21』 봄호 신인상으로 등단. 법무부 장관상, 한민족통일문예대전 부산지방경찰청장 수상.

박학봉 e-mail: u-ree2@hanmail.net
1957년 경기 가평 출생. 「통일 아리랑」 외 발표로 작품 활동시작. 저서 『홍용암의 통일시문학』 외. 분단과 통일시 동인. 현 민족작가연합 사무총장.

손순자 e-mail: chonbo1204@hanmail.net
한국문인협회 지회지부 협력위원회 위원. (사) 한국편지가족 부회장, 서울지회장. 저서 『소요산 연가』 『행복한 여자』 『어떤 바람의 술래』 외.

아사달 e-mail: aoabia@daum.net
『리얼리스트100』으로 작품활동 시작. 현 역시넷 대표.

안재홍 e-mail: koduam0819@hanmail.net
강원도 영월 출생. 2019년 『창작21』 신인상으로 등단. 한뉘문학 동인. SGI서울보증 전문위원.

유나영 e-mail: nayoung4628@daum.net
『한국시』로 등단. 봉황문학동인. 시낭송가. 현대 (주)예나 이사. 시집 『서릿발에 걸친 달』 외, 시조집 『그대 이름을 지피며』 외 다수.

윤선길 e-mail: baseysg@hanmail.net
장안대 문창과 졸업. 2011년 『창작21』 시부문 신인상으로 등단.

이선유 e-mail: leesj4363@naver.com
충남 청양 출생. 2016년 『창작21』 시부문 신인상으로 등단. 시옷동인. 시집 『초록의 무늬』.

이승호 e-mail: nacham1@hanmail.net
강원 춘천 출생. 2004년 『창작21』로 작품활동 시작. 한국작가회의 회원. 시집 『어느 겨울을 지나며』 『행복에게 바친 숱한 거짓말』 외.

이중동 e-mail: whrkrekf12@naver.com
경북 성주 출생. 2019년 『창작21』 신인상으로 등단.

이정희 e-mail: ljh652711@daum.net
2017년 『창작21』 시부문 신인상으로 등단.

임향자 e-mail: hyangjaim@hanmail.net
충남 보령 출생. 2016년 『창작21』 시부문 신인상으로 등단. 공동작품집 『옷의 계급론』 외.

장혜승 e-mail: hsjang2625@hanmail.net
2003년 『현대시학』으로 등단. 시집 『씨앗』 외.

조길성 e-mail: blackbear0@naver.com
1961년 경기 과천 출생. 2006년 『창작21』 시부문 신인상 등단. 시집 『징검다리 건너』 『나는 보리밭으로 갈 것이다』.

최순섭 e-mail: css03@naver.com
대전 출생. 1978년 〈시밭〉동인으로 작품활동 시작. 시집으로 『말똥, 말똥』이 있다. 현재 환경신문 에코데일리문화부장, 한국가톨릭독서아카데미 상임위원.

최태랑 e-mail: ctr5555@hanmail.net
전남 목포 출생. 『시와정신』으로 등단. 시집 『물은 소리로 길을 낸다』 『도시로 간 낙타』 외, 산문집 『내게 묻는 안부』.

표규현 e-mail: giftmind@hanmail.net
1955년 경기 남양주시 출생. 2017년 『창작21』 시부문 신인상으로 등단.

시조_

이광호 e-mail: khl0554@daum.net
전남 고흥 출생. 2011년 『창작21』 시부문, 2015년 시조부문 신인상으로 등단. 시집 『ㄱ에 대하여』 『담아 두고 싶어서』.

이교상 e-mail: lks3493@hanmail.net
2004년 〈서울신문〉 신춘문예 시조 당선. 시집 『긴 이별 짧은 편지』 『시크릿 다이어리』 『역설의

미학』 등. 김만중문학상 외 수상.

소설_

정수남 e-mail: jjssnam@hanmail.net
1945년 평양 출생. 1984년 〈서울신문〉 신춘문예로 등단. 자유문학상, 대한민국 장애인문학상, 한국소설문학상 등 수상. 작품집 『분실시대』 『타성의 새』 외 다수. 시집 『병상일기』. 일산문학학교 운영.

마선숙 e-mail: wwriter@hanmail.net
2013년 『시와문화』 시 신인상 당선. 2014년 『불교문예』 소설 신인상 당선. 시집 『저녁, 십 분 전 여덟 시』. 소설집 『몸이 먼저 먼 곳으로 갔다』.

박세환 e-mail: tubet@kakao.com
2018년 『창작21』 소설부문 신인상 당선. 한국작가회의, 한국소설가협회 회원.

이정순 e-mail: ljs6356@hanmail.net
2019년 〈투데이신문〉 직장인 신춘문예 당선. 2019년 119문화상 대상 수상(행안부장관상).

임철균 e-mail: berlin-angel@hanmail.net
1964년 전남 광주 출생. 가톨릭대 국문학과 졸업. 동대학원 국문학과 박사수료. 2017년 『창작21』 소설부문 신인상으로 등단. 박종철문학상 대상. 한국소설가협회 회원.

채수원 e-mail: schae@dreamwiz.com
대구 출생. 2015년 『문학세계』 시 신인상 당선. 2018년 『에세이문학』 수필, 『한국소설』 신인상 당선.

수필_

박금아 e-mail: ilovelucy@hanmail.net
삼천포 출생. 숙명여자대학교 불어불문과 졸업. 2015년 『매일신문』 신춘문예로 등단. 해양문학상, 등대문학상 등 수상. 2019년 아르코 문학창작기금 수혜.

이원규 e-mail: one-q-lee@hanmail.net
1981년 『근로문학』 시, 2019년 『한국문학세상』 평론으로 활동 시작. 시집 『나무가 자꾸 나를 나무란다』 『은행을 털다』 『밥 짓기』. 작가 연구서 『백조가 흐르던 시대』.